Student Activities Manual

Mais oui!

Student Activities Manual

Mais oui!

Fourth Edition

CHANTAL P. THOMPSON
Brigham Young University

ELAINE M. PHILLIPS
Southwest Educational Development Laboratory

BETTE G. HIRSCH
Cabrillo College

MARC OLIVIER
Contributing Writer
Brigham Young University

HEINLE
CENGAGE Learning™

Australia • Brazil • Japan • Korea • Mexico • Singapore • Spain • United Kingdom • United States

Student Activities Manual: Mais oui!
Fourth Edition
Chantal P. Thompson et al.,

Publisher: Rolando Hernández

Sponsoring Editor: Glenn A. Wilson/
Laurel Miller

Development Manager: Judith Bach

Project Editor: Harriet C. Dishman/
Nancy Milner Kelly

New Title Project Manager: Hanita Becker

Executive Marketing Director:
Eileen Bernadette Moran

Marketing Assistant: Lorreen Pelletier

For product information and technology assistance, contact us at
Cengage Learning Customer & Sales Support, 1-800-354-9706

For permission to use material from this text or product,
submit all requests online at **www.cengage.com/permissions**
Further permissions questions can be e-mailed to
permissionrequest@cengage.com

ISBN-13: 978-0-618-94912-0

ISBN-10: 0-618-94912-7

Heinle Cengage Learning
20 Channel Center Street
Boston, MA 02210
USA

Cengage Learning is a leading provider of customized learning solutions with office locations around the globe, including Singapore, the United Kingdom, Australia, Mexico, Brazil, and Japan. Locate your local office at **www.cengage.com/global**

Cengage Learning products are represented in Canada by Nelson Education, Ltd.

To learn more about Heinle, visit **www.cengage.com/heinle**

Purchase any of our products at your local college store or at our preferred online store **www.cengagebrain.com**

Printed in the United States of America
6 7 13 12 11

Table des matières

Preface

The Student Activities Manual (SAM) volume combines the *Workbook* and *Laboratory Manual* to accompany *Mais oui!* The *Workbook* provides written activities that apply what you have learned in each chapter. The *Laboratory Manual* gives you additional exposure to spoken French and provides extra practice in listening comprehension.

The Workbook

The *Workbook* is designed to provide you with additional opportunities to use the vocabulary, structures, and communicative strategies introduced in the textbook. After you have completed each *étape* in the text chapter, do the corresponding *étape* in the *Workbook*. The first three *étapes* of each *Workbook* chapter offer mostly structured, easily corrected activities. To avoid compounding errors, we strongly recommend that you correct each activity immediately after doing it. In this way, you can catch mistakes early on and refer back to the textbook explanations if necessary. Completing the activities without verifying your answers serves no useful purpose.

The *Intégration* of each *Workbook* chapter introduces an additional reading that reinforces the chapter themes and gives you another opportunity to practice reading strategies introduced in the text. The last post-reading activity, *Et vous?*, invites you to respond to open-ended questions or to express yourself freely in writing on issues related to the reading

The Laboratory Manual

The *Laboratory Manual* is used in conjunction with the *Mais oui!* audio CD. Each chapter of the *Laboratory Manual* begins with an *À l'écoute* section in which you hear the vocabulary and structures from the text chapter used in a new but related context. You will listen to a conversation on the audio CD and do a series of related tasks in the *Laboratory Manual*. In a section called *Prononciation*, segments of this same conversation are then used to help you review the pronunciation rules taught in the text chapter. In the final section, the *Activités de compréhension* focus on practicing new vocabulary, communicative strategies, and discrete grammatical structures.

You should plan on doing the *Laboratory Manual* activities after you have finished the third *étape* of the chapter in the text.

● ● ●

In using the *Mais oui!* audio and video programs, remember that you are NOT expected to understand everything you hear at regular conversation speed! Just focus on the specific tasks you are asked to perform, and do not hesitate to listen or view as many times as necessary to complete an activity. Your ability to understand the spoken word will improve over time with patience and practice.

Chantal P. Thompson
Elaine M. Phillips
Bette G. Hirsch
Marc Olivier

Workbook

Workbook

Bonjour!

A. La politesse. Complete the following exchanges by writing an appropriate response in each blank.

1. —Bonjour, madame.

_____

2. —Au revoir, Claire.

_____

3. —Comment allez-vous?

_____

4. —Merci, monsieur.

_____

5. —Dominique, je te présente Clarice.

_____

6. —Ça va?

_____

7. —Pardon, ton nom?

_____

8. —Comment vous appelez-vous?

_____

B. Les accents. Add the accents or cedillas that are missing from the following words.

1. tres   **4.** sac a dos   **7.** bientot

2. ca   **5.** plait   **8.** prenom

3. fenetre   **6.** enchantee   **9.** francais

C. Dans la salle de classe. Look at the scene and identify each numbered item. The first item has been done as an example.

1. _C'est un professeur._ _____

2. _____

3. _____

4. _____

5. _____

6. _____

7. _____

8. _____

9. _____

10. _____

D. Qu'est-ce que c'est? The following objects were found in Nicolas's room. Can you identify them? Use an *indefinite* article to identify the objects, then use a *definite* article to say the objects belong to Nicolas.

➡ *Ce sont des livres.* _____

Ce sont les livres _____ de Nicolas.

1. _____

_____ de Nicolas.

2. _____

_____ de Nicolas.

3. _____

_____ de Nicolas.

4. _____

_____ de Nicolas.

5. _____

_____ de Nicolas.

6. _____

_____ de Nicolas.

7. _____

_____ de Nicolas.

8. _____

_____ de Nicolas.

E. Expressions pour la classe. Look at pictures 1–5 and write a statement your teacher might have just made. For pictures 6–8, write a statement you might have just made.

➡ _Lisez le chapitre._ _____

1. _____

2. _____

3. _____

4. _____

5. _____

6. _____

7. _____

8. _____

Qui êtes-vous?

chapitre 1

Première étape

A. Le Club International. Read the following sentences about the members of the International Club. Fill in the blanks with the correct form of the verb **être** or the appropriate subject pronoun.

1. Gina et moi, _____ sommes italiennes.

2. Thomas et Ernst? Ils _____ allemands.

3. Madame Martin? Elle _____ française.

4. Toi? _____ es africain? Oui, je _____ sénégalais.

5. Vous _____ belges? Non, mais Monsieur Wéry,

   _____ est belge.

B. Nationalité, profession. Complete the following statements using the verb **être.** Be sure the nationality or profession agrees in number and gender with the person(s).

➡ Tchaïkovski et Mozart / profession

   Tchaïkovski et Mozart sont musiciens. _____

1. Avril Lavigne / nationalité

   _____

2. Monet et Degas / profession

   _____

3. Sophie Marceau / profession

   _____

4. Tu (*your roommate*) / nationalité

_____

5. Je / profession

_____

6. Papa et moi / nationalité

_____

C. Qui est-ce? Can you think of a famous person or persons for each of the adjectives provided? Write sentences following the example, and be sure the nationalities and professions agree in number and gender with the noun(s).

➡ architecte / américain (*masculin, pluriel*)

Frank Lloyd Wright et I. M. Pei sont architectes. Ils sont américains.

1. acteur / français (*féminin, singulier*)

_____

2. musicien / anglais (*masculin, pluriel*)

_____

3. écrivain / américain (*féminin, pluriel*)

_____

4. journaliste / américain (*masculin, singulier*)

_____

5. politicien / américain (*féminin, singulier*)

_____

6. peintre / espagnol (*masculin, pluriel*)

_____

Deuxième étape

D. Jumeaux? Thierry and Béatrice are twins, but they don't seem to be very much alike. Each time you inquire about a particular trait of one sibling, you discover that the other has the opposite characteristic. Complete the following sentences with an appropriate adjective. Be sure the adjectives agree in gender with the person.

➡ Thierry est fatigué? Non, il est _____*énergique*_____ .

Et Béatrice? Elle est _____*fatiguée*_____ .

1. Thierry est grand? Non, il est _____

Et Béatrice? Elle est _____ .

2. Il est timide? Non, il est _____ .

Et Béatrice? Elle est _____ .

3. Il est avare? Non, il est _____ .

Et Béatrice? Elle est _____ .

4. Il est heureux? Non, il est _____ .

Et Béatrice? Elle est _____ .

5. Thierry est pessimiste? Non, il est _____ .

Et Béatrice? Elle est _____ .

6. Il est passif? Non, il est _____ .

Et Béatrice? Elle est _____ .

E. Traits de caractère. Everyone has some good *and* bad qualities. Mention a personal weakness and a positive character trait for the following people, using the cues and the example as a guide.

➡ Le monsieur là-bas / désagréable / intelligent

Le monsieur là-bas est un peu désagréable, mais il est très intelligent.

1. La copine de Nicolas / fou / énergique

_____

2. Alceste / paresseux / intéressant

_____

3. Monsieur et Madame Mystère / désagréable / intelligent

_____

4. La dame et la fille / ennuyeux / sympathique

_____

5. L'homme et le garçon / timide / heureux

_____

F. C'est qui? Complete the statements using **c'est, il est,** or **elle est.** Then match each statement with the name of the person to whom it applies.

➡ _____*Il est*_____ écrivain. _____*C'est un*_____ Anglais.

    _____*Il est*_____ intéressant. C'est _____*Shakespeare*_____ .

le petit Nicolas	Reese Witherspoon	Miguel de Cervantes
Gérard Depardieu	Léopold Senghor	Ruth Bader Ginsberg
Céline Dion		

1. _____ un Français. _____ élève.

    _____ énergique. C'est _____ .

2. _____ blonde. _____ une chanteuse.

    _____ une Canadienne. C'est _____ .

3. _____ acteur. _____ un Français.

    _____ grand et fort. C'est _____ .

4. _____ espagnol. _____ écrivain.

    _____ intéressant. C'est _____ .

5. _____ une avocate. _____ américaine. _____ raisonnable. C'est

    _____ .

6. _____ un Sénégalais. _____ un politicien. _____ écrivain. C'est

    _____ .

G. Comment sont-ils? Using **ce, ces, cet,** or **cette,** say what the following people are like by agreeing or disagreeing with the description indicated.

1. femme / malade? *Cette femme n'est pas malade.* _____

2. garçon / paresseux? _____

3. homme / heureux? _____

4. enfant / triste? _____

5. gens (*people*) / sociables? _____

6. filles / typiques? _____

7. homme / actif? _____

Troisième étape

H. Questions. Your pen pal, Micheline, has told you some things about her friends and classmates in Belgium. Write three follow-up questions about each of her statements, using the suggestions provided. Use a different question format for each cue: **a. est-ce que**, **b.** inversion, and **c.** a tag question.

1. Le professeur de français est intéressant. (amusant? généreux? belge?)

   a. _____

   b. _____

   c. _____

2. Patrick et Pierre-Maurice sont sportifs. (musicien? sympathique? actif?)

   a. _____

   b. _____

   c. _____

3. Monique est peintre. (intelligent? modeste? artiste?)

   a. _____

   b. _____

   c. _____

4. Danielle et moi, nous sommes actives. (sportif? heureux? fatigué?)

   a. _____

   b. _____

   c. _____

5. Je suis petite et brune. (sérieux? raisonnable? énergique?)

   a. _____

   b. _____

   c. _____

I. Interview. If you were looking for a new roommate, what character/personality traits would you consider important? Write down five questions that you'd like to ask a prospective roommate.

1. _____

2. _____

3. _____

4. _____

5. _____

J. Non! Claude can't seem to remember anything. Answer his questions negatively, then give him the correct answer.

➡ Victor Hugo est peintre, n'est-ce pas?

Non, *il n'est pas peintre. Il est écrivain!* _____

1. Le petit Nicolas est italien, n'est-ce pas?

Non, _____

2. Tiger Woods est français, n'est-ce pas?

Non, _____

3. Tu es allemand(e), n'est-ce pas?

Non, _____

4. Monet est musicien, n'est-ce pas?

Non, _____

5. Angelina Jolie est ingénieur, n'est-ce pas?

Non, _____

6. Tu es professeur, n'est-ce pas?

Non, _____

K. Comment est-elle?   Look at the picture and write five sentences, choosing from the following adjectives and saying what the girl is *not*.

➡ *Elle n'est pas brune.*

énergique	grand	paresseux	désagréable
fatigué	brun	triste	

_____

_____

_____

_____

_____

Quatrième étape: intégration

Lecture: Trois grandes stars françaises

Pensez

Consider the title of the reading and check the subject that the reading most likely treats.

a. _____ a new constellation

b. _____ three French actresses

c. _____ women astronomers

d. _____ paparazzi in Hollywood

2 If the subtitle of the reading were **«Elles sont belles, brunes et célèbres»,** which answer in the preceding list would you choose? _____

Observez et déduisez: en général

3 Skim the article and choose the best ending for the following sentence.

L'article présente trois actrices

a. _____ de trois générations différentes.

b. _____ suisses.

c. _____ qui sont très vieilles.

d. _____ qui sont aussi mères (*mothers*).

Trois grandes stars françaises

Isabelle ADJANI

BIOGRAPHIE

Née Isabelle Yasmine Adjani, le 27 juin 1955, Gennevilliers, France
Père algérien d'origine turque, mère allemande
2 enfants: Barnabé (de Bruno Nuytten) et Gabriel-Kane (de Daniel Day-Lewis)
Théâtre (Comédie-Française), quatre Césars pour la meilleure actrice dans le premier rôle
2 albums comme chanteuse (dont un Gainsbourg)
Modèle pour Dior
Présidente du 50ème Festival de Cannes
Agents: F.M.S.—Intertalents, Paris; ICM Los Angeles

Films: *Monsieur Ibrahim* ('03), *Bon Voyage* ('03, avec Gérard Depardieu), *La Repentie* ('02), *Passionnément* ('99, avec Depardieu), *Diabolique* ('96, avec Sharon Stone), *The Double* ('96, avec John Travolta, puis Steve Martin), *La Reine Margot* ('95), *Camille Claudel* ('88, avec Depardieu) — César Meilleur Film, Nomination Oscar meilleur film étranger

Juliette BINOCHE

Biographie

Née le 9 mars 1964, Paris

Fille d'un metteur en scène de théâtre (occasionnellement sculpteur) et d'une comédienne

2 enfants, Raphaël (d'André Hallé) et Hannah (de Benoît Magimel)

Peintre, dessinatrice

Contrat Lancôme Parfums et Cosmétiques

Utilise des doublures pour les scènes de nus

Pub pour Lancôme

Dons versés à l'Association humanitaire Aspeca (Cambodge)

Salaire: 8 000 000 francs (*Les enfants du siècle*, '98)

Projets: Prochains films de Kusturica, Haeneke, Kiarostami

Agent: F.M.S.—Intertalents, Paris

Films: *Dan in Real Life* ('07), *Désengagement* ('07), *Le voyage du ballon rouge* ('07), *Paris, je t'aime* ('06), *Quelques jours en septembre* ('06), *Chocolat* ('00), *Les enfants du siècle* ('99), *The English Patient* ('96)—Oscar Second-rôle féminin, *Le Hussard sur le toit* ('95), *Trilogie: Bleu* ('95)—César meilleur actrice, Golden Globe (nomination)

Sophie MARCEAU

Biographie

Née Sophie Maupu, le 17 novembre 1966, Paris

Conjointe de Andrzej Zulawski

2 enfants, Vincent (de Andrzej Zulawski) et Juliette (de Jim Lemley)

Auteur (*Menteuse*, '96), chanteuse (*Berezina*)

Théâtre (*Eurydice et Pygmalion*, '94, Molière du Meilleur Espoir)

Pub: Guerlain Champs Elysées

Agent: Artemedia, Paris

Films: *La disparue de Deauville* ('07), *Anthony Zimmer* ('05), *Á ce soir* ('04), *Alex et Emma* ('03), *Je reste* ('03), *Belphégor—Le fantôme du Louvre* ('01, avec Michel Serrault), *The World Is Not Enough* ('99, avec Pierce Brosnan), *A Midsummer Night's Dream* ('98, avec Kevin Kline, Michelle Pfeiffer), *Marquise* ('97), *Anna Karenina* ('97), *Braveheart* ('95, avec Mel Gibson)— Oscar du meilleur film, *Chouans!* ('87), *La Boum* ('80)

Source: www.ecrannoir.com/stars. © Volute productions.

Déduisez et confirmez: en détail

4 **Les mots.** You may know by now that many words are almost identical in French and English. To read more easily, be prepared to guess the meaning of new words in reading passages in the workbook as you do in the text. Although you may never have seen the following words in French, you should be able to write their English equivalents fairly easily.

1. novembre _____
2. théâtre _____
3. auteur _____
4. films _____
5. projets _____
6. agent _____
7. scènes _____
8. mars _____

9. cosmétiques _____
10. sculpteur _____
11. albums _____
12. présidente _____
13. modèle _____
14. contrat _____
15. parfums _____

5 **Le texte**

A. Complétez. Complete the following chart by checking whether each item applies to Isabelle Adjani, Juliette Binoche, or Sophie Marceau. Items may apply to one, two, or all three of the actresses.

	Adjani	Binoche	Marceau
1. Born in the sixties			
2. Is also a singer			
3. Has modeled for a famous designer			
4. Her father was a sculptor			
5. Has acted in English language films			
6. Her father is Algerian			
7. Won an Oscar for best supporting actress			
8. Has two children			
9. Is also an author			
10. Does ads for cosmetics			

B. Oui ou non? Agree (**Oui**) or disagree (**Non**) with the following statements based on the article. Correct any false statements.

1. _____ Binoche a deux enfants.

   _____

2. _____ La mère (*mother*) d'Adjani est allemande.

   _____

3. _____ Daniel Day-Lewis est le père (*father*) de Vincent.

   _____

4. _____ Les trois stars sont nées à Paris.

   _____

5. _____ Marceau a joué (*acted*) dans un film avec Mel Gibson.

   _____

6. _____ Adjani a été (*was*) la présidente du Festival de Cannes.

   _____

7. _____ Marceau est aussi peintre.

   _____

8. _____ Un César est l'équivalent d'un Oscar.

   _____

Explorez

Look again at the reading and the pictures of the three actresses. Using the adjectives to describe people and the professions that you learned in Chapter 1, write three sentences about each actress that summarize what you have learned about them.

Adjani

1. Elle est _____

2. Elle est _____

3. _____

Binoche

1. Elle est _____

2. Elle est _____

3. _____

Marceau

1. Elle est _____

2. Elle est _____

3. _____

La famille

Première étape

A. Paires. Complete the following pairs as shown in the example.

➡ un grand-père / *une grand-mère*

1. un cousin / _____

2. une belle-mère / _____

3. un oncle / _____

4. une demi-sœur / _____

5. une nièce / _____

6. un fils / _____

7. une femme / _____

8. un beau-frère / _____

9. un petit-fils / _____

B. Qui est-ce? Look at Pascal's family tree, and state the relationships of the people indicated. Use a possessive adjective in your answer.

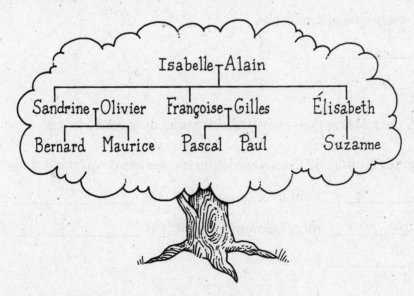

➡ Françoise? (Pascal et Paul) *Françoise? C'est leur mère.* _____

1. Élisabeth? (Suzanne) _____

2. Bernard et Maurice? (Françoise et Gilles) _____

3. Alain? (Sandrine) _____

4. Isabelle et Alain? (Suzanne) _____

5. Élisabeth? (Isabelle et Alain) _____

6. Paul? (Élisabeth) _____

7. Olivier? (Françoise et Élisabeth) _____

8. Pascal et Suzanne? (Maurice) _____

C. La famille. Bernard and Christine have to interview each other for French class. Read their conversation and fill in the missing possessive adjectives.

—Et toi, Christine, combien de personnes est-ce qu'il y a dans

(1) _____ famille?

—Dans (2) _____ famille, il y a quatre personnes—

(3) _____ père et les trois enfants: (4) _____ sœur

Céleste, (5) _____ sœur Micheline, et moi.

—Et comment sont-elles, (6) _____ sœurs?

—Bon, Céleste ressemble à (7) _____ père. Elle est sérieuse et

intelligente. Micheline ressemble plutôt à (8) _____ grands-parents.

Elle est énergique et amusante.

—Et (9) _____ père?

—Sympa!

Now fill in the missing possessive adjectives as they relate to *you*.

Et vous, les étudiants? Combien de personnes est-ce qu'il y a dans

(10) _____ famille? Comment est (11) _____ père?

(12) _____ mère? Comment sont (13) _____ sœurs et

(14) _____ frères?

Deuxième étape

D. Préférences. Read the following paragraph about leisure activities, filling in the blanks with the correct form of a verb from the list provided. You may use some verbs more than once, but be sure to use each verb at least once.

aimer   adorer   détester   admirer   manger   travailler
être   étudier   écouter   jouer   voyager   parler
préférer

J(e) (1) _____ la musique, mais j(e) (2) _____ danser et je n(e)

(3) _____ pas le rock. Pourtant j(e) (4) _____ souvent la radio

—le jazz et la musique classique. Le week-end, mes amies Naïma et Isabelle et

moi, nous n(e) (5) _____ pas. Nous (6) _____ regarder un

film, et nous (7) _____ souvent au restaurant. Isabelle et Naïma n(e)

(8) _____ pas très sportives. Quelquefois elles (9) _____

au tennis, mais en général elles (10) _____ surfer sur Internet!

J(e) (11) _____ beaucoup Naïma. Elle (12) _____ souvent en

Europe et elle (13) _____ quatre langues. Moi, j(e) (14) _____

beaucoup pour apprendre (*learn*) l'anglais! Et vous? (15) _____-vous

beaucoup pour apprendre le français?

E. Les passe-temps. Indicate how the following people spend their time. Write a complete sentence using the words given.

1. Les étudiants / travailler / beaucoup

_____

2. Mais ils / préférer / regarder des films

_____

3. Mes copains et moi, nous / manger souvent au restaurant chinois

_____

4. Le professeur / retrouver quelquefois ses amis au café

_____

5. Tu / dîner au restaurant

_____

6. Tes copines et toi, vous / aimer lire des romans

_____

7. Moi, j(e) / préférer / ? / tous les jours

_____

F. Suggestions. Your friend Alain needs help learning French. Tell him what he should do to improve, using the imperative mood. If an activity will *not* improve his French, tell him not to do it.

parler au professeur   écouter les CD   surfer sur Internet
voyager en France   retrouver Jean-Claude   regarder des films français
manger des crêpes   acheter un béret   chanter «Frère Jacques»

1. _____

2. _____

3. _____

4. _____

5. _____

6. _____

7. _____

8. _____

9. _____

G. Opinions. Christine interviewed Bernard about his likes and dislikes. Read Bernard's answers and then write the questions Christine must have asked. Use the interrogative expressions **qu'est-ce que** and **qui est-ce que**.

1. —_____?

—J'étudie les langues, le français et l'allemand.

2. —_____?

—J'aime beaucoup mes camarades de classe.

3. —_____?

—Je n'aime pas beaucoup les professeurs qui sont ennuyeux.

4. —_____?

—J'admire beaucoup les écrivains français.

5. —_____?

—Je préfère les romans historiques.

6. —_____?

—Je déteste les films policiers.

Troisième étape

H. Avoir. Write complete sentences to indicate what the following people have or do *not* have.

➡ Izà (stylos + / crayons –)

Elle a des stylos, mais elle n'a pas de crayons.

1. Larmé (sac à dos + / cahier + / serviette –)

_____

2. Tu (romans + / magazines –)

_____

3. Mes copains (DVD + / iPod –)

_____

4. Vous (amie sympathique + / professeur intéressant +)

_____

5. Ma famille et moi, nous (ordinateur + / télévision –)

_____

6. Moi (? + / ? –)

_____

I. Descriptions. Josée describes her family and friends. Write her descriptions using the cues provided.

➡ Mon père / 42 / vert / —

Mon père a 42 ans. Il a les yeux verts, et il n'a pas de cheveux!

1. Mes sœurs / 16 et 17 / brun / blond

_____

2. Paul et moi, nous / 18 / vert / roux

_____

3. Mes grands-parents / peut-être 80 / bleu / gris

_____

4. Mon amie Djamila / 20 / brun / noir

_____

5. Mon professeur / peut-être... / ? / ?

_____

J. Clarifications. Every time Olivier makes a statement, his roommate Georges asks for a clarification. Complete Olivier's statements with a demonstrative adjective, then write Georges's questions using a form of **quel.**

➡ —_ Ce _ garçon est typique.   —_Quel garçon?_____

1. —_____ romans sont ennuyeux.   —_____

2. —_____ photo est intéressante.   —_____

3. —_____ étudiantes sont paresseuses.   —_____

4. —_____ homme est désagréable.   —_____

5. —_____ professeur est actif.   —_____

K. Choix. Write five survey questions you could use to interview your classmates.

➡ magazines

Quels magazines est-ce que tu préfères, Time, Sports Illustrated ou People?

1. sport _____

2. politiciens _____

3. musique _____

4. romans _____

5. actrices _____

Quatrième étape: intégration

Lecture: Est-ce que Papa est intelligent?

Pensez

1 Children's attitudes toward their parents often change with age. Think of four different ages for the younger generation, from very young to fairly old, and assign to the parents, as perceived by their children, a rating of knowledge from 0 (**ignorants**) to 5 (**omniscients**).

```
|_____|
0          1          2          3          4          5
ignorants                                        omniscients
```

Âge des enfants	Connaissance des parents
3 ans	*5*

Observez et déduisez: en général

2 Scan the text to see how many parts there are to the reading. _____

3 Skim through the text and decide what it is about.

a. _____ what children think of their parents

b. _____ what children think of one parent in particular

c. _____ what parents think of their children

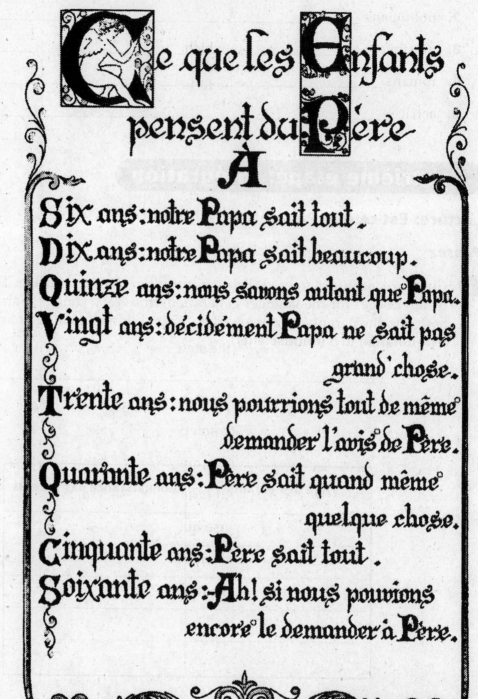

Ce que les Enfants pensent du Père

À

Six ans : notre Papa sait tout.

Dix ans : notre Papa sait beaucoup.

Quinze ans : nous savons autant que Papa.

Vingt ans : décidément Papa ne sait pas grand'chose.

Trente ans : nous pourrions tout de même demander l'avis de Père.

Quarante ans : Père sait quand même quelque chose.

Cinquante ans : Père sait tout.

Soixante ans : Ah! si nous pouvions encore le demander à Père.

autant *as much as*

pourrions *could after all*
l'opinion

quand même = tout de même

si *if only we still could*

Déduisez et confirmez: en détail

Les mots. Using the context in which the following words occur in the reading, knowledge that you already have about the topic of the reading, and logic, can you guess what the following words mean? Match the French words to their English equivalents.

1. _____ pensent (penser)   **a.** everything

2. _____ sait/savons (savoir)   **b.** to ask

3. _____ demander   **c.** think

4. _____ tout   **d.** something

5. _____ pas grand-chose   **e.** know

6. _____ quelque chose   **f.** not much

Le texte. Read the text again and decide whether the following statements are true or false. Write **V** for **vrai** if the statement is true or **F** for **faux** if the statement is false.

1. _____ Les petits enfants pensent que leur père est omniscient.

2. _____ L'adolescent pense que son père sait moins que lui (*less than he does*).

3. _____ À vingt ans on considère que son père sait très peu (*very little*).

4. _____ À trente ans on ne veut (*want*) pas avoir l'avis du père.

5. _____ À quarante ans on pense que son père sait plus qu'à six ans.

6. _____ À cinquante ans et à six ans on a la même (*same*) opinion du père.

7. _____ À soixante ans on ne veut pas obtenir l'avis du père.

Explorez

1. Compare your answers to activity 1 of **Pensez** with the statements in the reading, noting which are similar and which are different.

Âge des enfants	Connaissance des parents (selon[1] vous)	Connaissance des parents (selon la lecture)
3 ans	5	
6 ans		5

2. Using the reading and your own experiences and ideas as guides, write a new text, changing **père** to **mère**. Are there any major differences between your observations and those of the original reading?

Ce que les enfants pensent de la mère

À six ans: notre maman _____

À dix ans: _____

À quinze ans: nous savons _____

À vingt ans: _____

À trente ans: _____

À quarante ans: _____

À cinquante ans: _____

À soixante ans: _____

---
[1] *according to*

La maison et la ville

3
chapitre

Première étape

A. Où? Quoi? In which room(s) of a house or apartment would you be likely to find the following things?

1. un lecteur de DVD: _____

2. un placard: _____

3. des étagères: _____

4. un ordinateur: _____

Now, list the furniture and personal items *you* have in the following rooms.

5. la cuisine: _____

6. le séjour: _____

7. la chambre: _____

8. la salle à manger: _____

B. Des questions. Compose questions using the cues that follow, then re-create the conversation between Philippe and his nosy pal Joseph by placing each question where it belongs in the dialogue.

Combien de pièces / il y a / dans l'appartement?

Comment / être / appartement?

Qu'est-ce que / préférer / les studios ou les appartements?

Pourquoi / préférer / les appartements?

Quand / je pourrais voir / appartement?

Où / être / ton appartement?

1. —_____

—Moi, je préfère les appartements.

2. —_____

—Parce qu'ils sont plus grands, plus spacieux.

3. —_____

—Il est au centre-ville.

4. —_____

—Eh bien, c'est un appartement meublé, calme, agréable...

5. —_____

—Il y a deux pièces avec une cuisine et une salle de bains.

6. —_____

—Demain, si tu veux.

C. Imaginez les questions. Madeleine had a phone conversation with her cousin about her French class. Based on Madeleine's answers, what questions do you think her cousin asked?

1. _____

Parce que j'adore le français.

2. _____

Le prof? Oh, il est très sympathique.

3. _____

Il y a dix-sept étudiants.

4. _____

L'université? Dans la rue Victor Hugo.

5. _____

J'ai mon cours de français maintenant. Je pourrais te téléphoner plus tard?

Deuxième étape

D. Décrivez. Describe the following people and objects using the adjectives indicated.

➡ joli: maison, canapé, rideaux

une jolie maison, un joli canapé, de jolis rideaux _____

1. bon: musicienne, actrices, avocat

_____

2. vieux: livres, homme, étagères

_____

3. meublé: appartement, studios, maison

_____

4. beau: acteur, étudiantes, professeurs

_____

5. nouveau: rideaux, ordinateur, radios

_____

6. confortable: chambres, maison, fauteuil

_____

E. Un studio. Alexandre describes his studio in Brussels. Complete the paragraph with an appropriate adjective from the list provided. You may use the adjectives more than once, but you must use each adjective at least once. Note that there is a blank before *and* after each boldfaced noun. Write an adjective in only one of the blanks, and put an *X* in the other blank.

vieux	joli	blanc	grand	nouveau	typique
agréable	petit	bleu	bon	américain	calme

J'ai un (1) _____ **appartement** (2) _____ à

Bruxelles, près de l'université. Il y a une (3) _____ **chambre** (4)

_____, un (5) _____ **salon** (6) _____,

une (7) _____ **cuisine** (8) _____ et une

(9) _____ **salle de bains** (10) _____ . C'est un

(11) _____ **appartement** (12) _____ . Dans le salon,

j'ai mon (13) _____ **ordinateur portable** (14) _____ ,

un (15) _____ **canapé** (16) _____ , une

(17) _____ **table** (18) _____ et deux

(19) _____ **chaises** (20) _____ . J'ai une

(21) _____ **chambre** (22) _____ où il y a des

(23) _____ **rideaux** (24) _____ , un

(25) _____ **lit** (26) _____ , une (27) _____

commode (28) _____ et des (29) _____ **posters**

(30) _____ sur le mur.

F. Goûts différents. Larissa and Fabienne are good friends with different tastes. Using the following cues as a guide, write sentences describing their lodging and possessions.

➡ Fabienne / salle à manger / agréable, petit

Fabienne a une petite salle à manger agréable.

1. Fabienne / maison / beau, meublé

_____

2. Larissa / appartement / confortable, nouveau

_____

3. Fabienne / cuisine / jaune, vieux

_____

4. Larissa / cuisine / beau, grand

_____

5. Fabienne / ordinateur / américain, nouveau

_____

6. Larissa / ordinateur / gris, vieux

_____

G. Où habiter? Match the accommodations described in the classified ads with the persons you think they would best suit. Be careful, because one of the accommodations is not appropriate for any of the prospective tenants. Then decide which of the four lodgings *you'd* rather rent and explain why.

Samuel Montaigne: Étudiant; n'aime pas les résidences universitaires; préfère habiter chez un particulier.

La famille Jourdan (Monsieur, Madame, fille Joëlle): Monsieur travaille au centre-ville.

Jeanne Bouchard: Avocate; voyage beaucoup; n'aime pas cuisiner.

12, rue Mozart.
Nouveau studio dans nouvelle villa, 1 chambre, 2 lits 1 personne, coin cuisine, douche avec WC, garage, calme, clair, 290€/mois.
Tél. 42.04.21.51.

Rue Célony.
Loue une chambre meublée pour
1 personne, entrée indépendante,
1 lit 1 pers., 175€ tout compris.
Garçons préférés. Tél. 49.04.92.20.

1. _____

3. _____

13, rue du Bon Pasteur.
Appartement dans bel immeuble, centre-ville, 2 chambres, 1 lit 1 pers., 1 lit 2 pers., salle à manger, cuisine, sdb, WC, jardin et terrasse, 620€ + charges/mois.
Tél. 63.28.58.01.

Centre.
Studio meublé, salle à manger
avec chambre, 1 lit 2 pers., cuisine
équipée, TV possible, WC, sdb,
450€/mois. Tél. 42.03.11.48.

2. _____

4. _____

5. Moi, je _____

_____

_____

H. Chèques. Madame Luberry pays her monthly bills by check. Complete the checks by writing *in words* the amount shown in numbers. Then indicate in the blank provided the purpose of each check: to pay her rent (**le loyer**), her phone bill (**le téléphone**), or her electric bill (**l'électricité**).

CRÉDIT SAINT-PIERRAIS   B.P.F. € 34

PAYEZ CONTRE CE CHÈQUE NON ENDOSSABLE SAUF au profit d'une banque, d'une caisse d'épargne ou d'un établissement assimilé

À France Télécom

— PAYABLE —
LUBERRY
16 RUE MARCEL BONIN
97500 ST-PIERRE-ET-MIQUELON
compensable à   45 26 65 53
                  ST-PIERRE

siège n°   compte n°   clé R.I.B.

À St-Pierre , le 28 novembre 2008

P. Luberry

S• Z 6 KSG CHÈQUE N°   1 602 132

⑈1602132⑈077703604063⑆80777001936 1⑈

1. _____

CRÉDIT SAINT-PIERRAIS   B.P.F. € 594

PAYEZ CONTRE CE CHÈQUE NON ENDOSSABLE SAUF au profit d'une banque, d'une caisse d'épargne ou d'un établissement assimilé

À M. Gilles Tournier

— PAYABLE —
LUBERRY
16 RUE MARCEL BONIN
97500 ST-PIERRE-ET-MIQUELON
compensable à   45 26 65 53
                  ST-PIERRE

siège n°   compte n°   clé R.I.B.

À St-Pierre , le 28 novembre 2008

P. Luberry

S• Z 6 KSG CHÈQUE N°   1 602 133

⑈1602132⑈077703604063⑆80777001936 1⑈

2. _____

CRÉDIT SAINT-PIERRAIS   B.P.F. € 89

PAYEZ CONTRE CE CHÈQUE NON ENDOSSABLE SAUF au profit d'une banque, d'une caisse d'épargne ou d'un établissement assimilé

À Gaz et Electricité de France

— PAYABLE —
LUBERRY
16 RUE MARCEL BONIN
97500 ST-PIERRE-ET-MIQUELON
compensable à   45 26 65 53
                  ST-PIERRE

siège n°   compte n°   clé R.I.B.

À St-Pierre , le 28 novembre 2008

P. Luberry

S• Z 6 KSG CHÈQUE N°   1 602 134

⑈1602132⑈077703604063⑆80777001936 1⑈

3. _____

NOM _____ SECTION _____ DATE _____

Troisième étape

I. Quel anniversaire? The following people were all born on the same day but in different years. Say what birthday each person is celebrating.

➡ Monsieur Martin, 30 *C'est son trentième anniversaire!* _____

1. Karine Rosier, 16 _____

2. Louisette Rigolo, 5 _____

3. Jean Girard, 28 _____

4. Nathalie Laval, 79 _____

5. Christophe Genêt, 63 _____

6. Céleste Lamour, 47 _____

J. Des courses. Everyone in the family has errands to run today. Complete the sentences using **à** and **de** with a definite article. Use a contraction if required.

➡ Claude va ___*au*___ restaurant qui est loin ___*des*___ hôtels.

1. Maman va _____ parc qui est près _____ poste.

2. Mon beau-père va _____ gare, qui est à côté _____ supermarché.

3. Moi, je vais _____ magasins qui sont loin _____ université.

4. Mes frères vont _____ café qui est en face _____ magasins.

5. Caroline va _____ école qui est près _____ cinéma.

6. Léa va _____ bureau de tabac qui est au coin _____ avenue Richelieu.

K. Où va-t-on? Use the verb **aller** and a location below to say where these people go for the purposes indicated.

une gare   un cinéma   un bureau de tabac
un magasin   une pharmacie   un restaurant

➡ Pour jouer au foot, nous *allons au parc* _____.

1. Pour acheter une télécarte, nous _____.

2. Pour avoir un bon dîner français, je _____.

3. Pour acheter des vêtements, mes copains _____.

4. Pour acheter un billet de train, vous _____.

5. Pour acheter de l'aspirine, tu _____.

6. Pour regarder un film, on _____.

L. Où se trouve...? The islands of Saint-Pierre-et-Miquelon are part of France, even though they are just a few miles off the coast of Newfoundland in North America. Look at the map of the city of Saint-Pierre and describe the location of the buildings, using the following prepositions: **derrière, à droite, à côté, en face, sur, devant, loin, au coin, près.** Use each preposition only once.

➡ Le Francoforum / la Chambre de Commerce

Le Francoforum est loin de la Chambre de Commerce.

1. L'église / le magasin Galerie Ravenel

_____

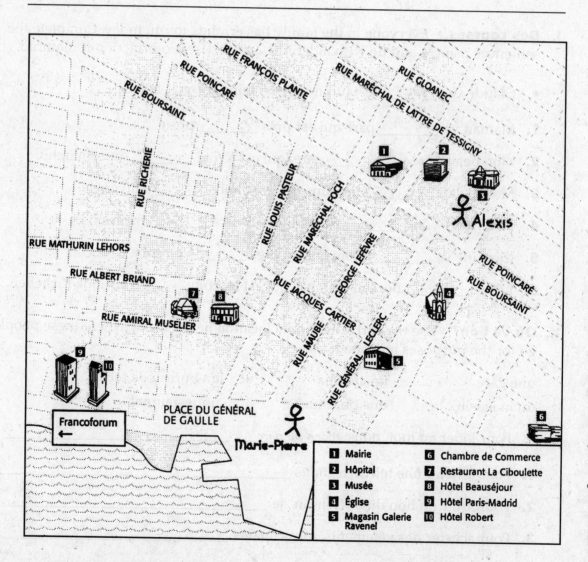

1 Mairie	**6**	Chambre de Commerce
2 Hôpital	**7**	Restaurant La Ciboulette
3 Musée	**8**	Hôtel Beauséjour
4 Église	**9**	Hôtel Paris-Madrid
5 Magasin Galerie Ravenel	**10**	Hôtel Robert

2. La mairie / l'hôpital

_____

3. Le restaurant La Ciboulette / l'hôtel Beauséjour

_____

4. Le musée / l'hôpital

_____

5. Le magasin Galerie Ravenel / la rue Général Leclerc

_____

6. L'hôtel Robert / l'hôtel Paris-Madrid

_____

7. Le Francoforum / le musée

_____

8. Alexis / le musée

_____

9. Marie-Pierre / la place du Général de Gaulle

_____

M. Ce week-end. Say what each person is going to do this weekend, using the **futur proche.**

➡ Vous / parler à vos copines

Vous allez parler à vos copines.

1. Patrick et Hélène / chercher un appartement

_____

2. Gisèle / voyager à Lyon

_____

3. Robert et moi, nous / envoyer des e-mails

_____

4. Tes amies et toi, vous / surfer sur Internet

_____

5. Tu / regarder un DVD

_____

6. Le professeur / lire un roman policier

_____

7. Mes parents / sortir avec des copains

_____

8. Je / ?

_____

Quatrième étape: intégration

Lecture: Guide pratique du téléphone

Pensez

1 Each year the French telephone company, France Télécom, publishes guides to telephone usage for people visiting various regions of France. In English, list five questions you would like answered about how to use the French telephone system.

1. _____

2. _____

3. _____

4. _____

5. _____

Observez et déduisez: en général

2 Skim the reading and identify the kind of information that is contained in each part. Match each section in the left-hand column to its content.

1. ____ «Un guide pratique à votre service»

2. ____ «Vous souhaitez»

3. ____ «Prix d'une communication»

4. ____ «Pour téléphoner à l'étranger»

5. ____ «La télécarte»

a. renseignements généraux

b. renseignements sur une carte

c. introduction

d. exemples de prix

e. comment téléphoner à un autre pays

Now scan the reading and note how many of the questions you formulated in activity 1 of **Pensez** are answered in the text. _____

Un Guide pratique à votre service

*C*haque° année, France Télécom *vous propose un petit guide pratique du téléphone.*   Each

Ce guide simplifié, destiné en priorité aux touristes de notre région, explique la tarification applicable aux communications téléphoniques et vous permet de mieux utiliser votre téléphone, ainsi que° le réseau° de cabines publiques mis à votre disposition.   ainsi... as well as / network

— Chaque cabine peut° être appelée au numéro à 10 chiffres figurant près du publiphone.   can

Vous souhaitez

- **Demander un renseignement°:**   information
— **Par Minitel° (3 premières minutes gratuites)** . . . . composez le 11   computerized service
— **Par l'intermédiaire d'une opératrice** . . . . appelez le 12
  (mais pensez d'abord à l'annuaire°)   phone book
- **Signaler un dérangement°** . . . . appelez le 13   out-of-order phone
- **Envoyer un télégramme** . . . . appelez le 36 35
- **Demander une communication**
  avec la carte «France Télécom°»   la... a telephone credit card
— Automatiquement des publiphones à pièces°, à touches   coins
  musicales en composant le 36 10
— Directement, à partir des cabines à cartes.
— Par opérateur pour les communications nationales en
  composant le 36 50
- **Obtenir l'Agence France Télécom** . . . . appelez le 14
- **Téléphoner vers les Départements et Territoires d'Outre-mer°:**   les... French overseas areas
  Composez le 19, suivi de l'indicatif,

GUADELOUPE 590		POLYNÉSIE FRANÇAISE 689	
GUYANE FRANÇAISE 594		RÉUNION (LA) 262	
MARTINIQUE 596		SAINT-PIERRE-ET-	
MAYOTTE 269		MIQUELON 508	
NOUVELLE-CALÉDONIE 687		WALLIS-ET-FUTUNA 681	

> Prix d'une communication, tarif normal,
> des Alpes-Maritimes° vers   department in southeastern France
> PARIS / LYON / STRASBOURG / LILLE:
> 0€39 la minute
>
> GENÈVE . . . . 0€65 la minute
> MONTRÉAL . . . . 1€05 la minute
> ABIDJAN . . . . 2€22 la minute
>
> Tarifs TTC°   tax included

Pour téléphoner à l'étranger°,

- **EN AUTOMATIQUE:**

— Composez le 19, attendez° la tonalité.

— Composez l'indicatif° du pays demandé et le numéro national de votre correspondant° (Ex. Rome: 19 .... 39 6 565 541).

→Si le numéro de votre correspondant est précédé d'un 0 ne composez pas ce dernier.

- **PAR OPÉRATEUR:** (Autres pays et communications spéciales)

— Composez le 19, attendez la tonalité.

— Composez le 33 et l'indicatif du pays.

- **PAYS DIRECTS°:**

Pour vos communications payables à l'étranger (PCV°–carte crédit)

— Composez le 19 .. 00 et l'indicatif du pays.

à... to foreign countries (appels internationaux)

wait for

(country) code
person called

pays... direct-dial countries
collect

EUROPE

ALBANIE	355	LITUANIE	370
ALLEMAGNE	49	LUXEMBOURG	350
AUTRICHE	43	MACÉDOINE	389
BELGIQUE	32	MALTE	356
BIÉLORUSSIE	375	NORVÈGE	47
BOSNIE-HERZÉGOVINE	387	PAYS-BAS	31
BULGARIE	359	POLOGNE	48
CHYPRE	357	PORTUGAL	351
CROATIE	385	LA RÉPUBLIQUE TCHÈQUE	420
DANEMARK	45	ROUMANIE	40
ESPAGNE & CANARIES	34	ROYAUME UNI	44
ESTONIE	372	RUSSIE	7
FINLANDE	358	SLOVAQUIE	421
GRÈCE	30	SLOVÉNIE	386
HONGRIE	36	SUÈDE	46
IRLANDE	356	SUISSE	41
ISLANDE	354	TURQUIE	90
ITALIE	39	UKRAINE	380
LETTONIE	371		

AFRIQUE

ALGÉRIE	213	GABON	241
BÉNIN	229	MAROC	212
BURKINA FASO	226	NIGER	227
CAMEROUN	237	SÉNÉGAL	221
CENTRAFRICAINE (République)	236	SOMALIE	252
CÔTE D'IVOIRE	225	SUD-AFRICAINE (République)	27
ÉGYPTE	20	TUNISIE	216

PROCHE & MOYEN-ORIENT

ARABIE SAOUDITE	966	JORDANIE	962
ÉMIRATS ARABES UNIS	971	KOWEÏT	965
IRAK	964	LIBAN	961
IRAN	98	SYRIE	963
ISRAËL	972	YEMEN	967

AMÉRIQUES DU NORD & DU SUD

ARGENTINE	54	HAWAII	18 08
BRÉSIL	55	JAMAÏQUE	18 09
CANADA	1	MEXIQUE	52
CHILI	56	PANAMA	507
COLOMBIE	57	PARAGUAY	595
COSTA RICA	506	PÉROU	51
EL SALVADOR	503	PORTO-RICO	18 09
ÉTATS-UNIS	1	URUGUAY	598
HAÏTI	509	VENEZUELA	58

PACIFIQUE-SUD

AUSTRALIE	61	NOUVELLE-ZÉLANDE	64

EXTRÊME-ORIENT

CHINE	86	MALAISIE	60
CORÉE (Rép. de)	82	PHILIPPINES	63
HONG-KONG	852	SINGAPOUR	65
INDE	91	SRI-LANKA	94
INDONÉSIE	62	TAIWAN	886
JAPON	81	THAÏLANDE	66

Pour téléphoner sans monnaie, LA TÉLÉCARTE°

La télécarte vous permet de téléphoner partout°, sans monnaie, à partir d'un publiphone à cartes. Vous pouvez l'acheter dans les bureaux de poste, les agences France Télécom, ou auprès des «revendeurs agréés°» facilement reconnaissables° par la signalisation télécarte.

la... *telephone debit card*

all over

revendeurs... *registered retailers / recognizable*

Déduisez et confirmez: en détail

4 **Les mots.** Using logic and the context in which the following words occur in the reading, infer the meaning of these words. Match the words on the left with their synonyms or definitions in the order in which they appear in the reading.

Un guide pratique...

1. _____ destiné en priorité à
2. _____ la tarification
3. _____ communications téléphoniques
4. _____ permet
5. _____ mieux
6. _____ cabines publiques
7. _____ chiffres
8. _____ figurant

a. touch-tone
b. appearing
c. to send
d. dial tone
e. numbers
f. sign
g. meant especially for
h. allows
i. rates (prices)
j. through
k. telephone calls, etc.
l. telephone booths
m. better
n. change

Vous souhaitez...

9. _____ par l'intermédiaire de
10. _____ envoyer
11. _____ à touches musicales

Pour téléphoner à...

12. _____ la tonalité

La télécarte

13. _____ monnaie
14. _____ signalisation

5 **Le texte**

A. Vrai ou faux? Read the text again and decide whether the following statements are true or false. Write **V** for **vrai** if the statement is true and **F** for **faux** if the statement is false. Correct the false statements.

1. _____ On peut appeler chaque cabine téléphonique.

_____

2. _____ On compose le 10 pour demander un renseignement à une opératrice.

_____

3. _____ On compose le 14 pour parler avec l'Agence France Télécom.

_____

4. _____ Pour téléphoner en Polynésie française on compose le 19 689 et le numéro de son correspondant.

_____

5. _____ Quand vous téléphonez en PCV, c'est vous qui payez.

_____

6. _____ La télécarte vous permet de téléphoner sans monnaie.

_____

7. _____ Le prix d'une communication de Nice (région Alpes-Maritimes) à Montréal, tarif normal, est de 0€39 la minute.

_____

B. Quel numéro? Indicate the number you would dial in France in each given situation.

1. You need to send a telegram. _____

2. Your phone is not working. _____

3. You want to use your credit card with France Télécom

    a. on a touch-tone coin phone. _____

    b. on a phone that accepts cards. _____

4. You want to call a friend in the United States with the assistance of the operator.

_____

5. You want to dial direct to a friend in Rome, whose number is 6 572 572.

_____

C. Où? Indicate three places where one can buy a **télécarte.**

1. _____

2. _____

3. _____

Explorez

Feeling comfortable with telephone calls in another country takes some practice. You do not have the visual cues of facial expression and body gestures to help with meaning. Practice with the basic expressions of telephone usage can be a good beginning. Remember that messages on the telephone must be kept short and to the point.

In French, write out a message that you want to leave on the answering machine (**un répondeur automatique**) of a French friend. Identify yourself. Tell him that you would probably (**probablement**) like to rent his apartment in France. Is it furnished? How many rooms are there? Ask if he has a stereo. What about a VCR and TV? Is the apartment downtown? Add any other special requests for information that is important to you.

Ici _____

_____

_____

_____

_____

_____

_____

_____

L'école

Première étape

A. Chassez l'intrus! Cross out the word in each group that doesn't fit and write in one that's more appropriate.

1. la chimie / la biologie / les sciences politiques / _____

2. l'histoire / le dessin / la musique / _____

3. le commerce / la géographie / l'économie / _____

4. les langues étrangères / la littérature / l'informatique / _____

B. Devinez. List the course(s) that fit the following descriptions.

1. On étudie les nombres. _____

2. On étudie des poèmes et des romans. _____

3. On étudie les plantes et les animaux. _____

4. On écoute des concerts et on joue des instruments. _____

5. On parle de la structure du gouvernement. _____

C. Départ-arrivée. Use the schedule below to find the departure and arrival times for the trips and train numbers indicated. Fill in the "official" times, and then write how you could express these times in conversation, spelling them out in full.

➡ Dijon → Mâcon-Ville   Train 7341
Départ: _12h30_   Arrivée: _13h45_

Le train part à midi et demi et arrive à deux heures moins le quart .

941 Paris–Aix-les-Bains		7341 Dijon–Aix-les-Bains		939 Mâcon-Ville–Annecy	
Paris	23.50	Dijon	12.30	Mâcon-Ville	21.00
Mâcon-Ville	01.30	Mâcon-Ville	13.45	Lyon	21.40
Bourg-en-Bresse	02.05	Bourg-en-Bresse	14.45	Aix-les-Bains	22.55
Aix-les-Bains	06.15	Aix-les-Bains	16.05	Annecy	24.00

1. Paris → Aix-les-Bains   Train 941

Départ: _____   Arrivée: _____

Le train part à _____ et arrive à _____.

2. Mâcon-Ville → Annecy   Train 939

Départ: _____   Arrivée: _____

Le train part à _____ et arrive à _____.

3. Mâcon-Ville → Aix-les-Bains   Train 7341

Départ: _____   Arrivée: _____

Le train part à _____ et arrive à _____.

4. Dijon → Bourg-en-Bresse   Train 7341

Départ: _____   Arrivée: _____

Le train part à _____ et arrive à _____.

Deuxième étape

D. En quel mois?   Read the following excerpt about French holidays. Write a complete sentence stating when each occurs according to the dates or months given in the list.

Fêtes et congés

Les fêtes

Les congés sont en grande partie commandés par les fêtes. Celles-ci comprennent les fêtes religieuses, issues de la tradition catholique (Pâques, Ascension, Pentecôte, Assomption, Toussaint, Noël) et les fêtes civiles qui évoquent les grandes dates de l'histoire nationale (fête nationale commémorant la prise de la Bastille, fête commémorant l'armistice du 1918, Fête de la Victoire 1945).

Fêtes légales

- 25 décembre: Noël
- 1er janvier: le Jour de l'An
- mars ou avril: Pâques
- 14 juillet: la Fête nationale
- 15 août: l'Assomption
- 1er novembre: la Toussaint
- 11 novembre: la Fête de l'armistice 1918
- 1er mai: la Fête du Travail
- 8 mai: la Fête de la Victoire 1945
- mai (un jeudi): l'Ascension
- mai ou juin: la Pentecôte

Source: Le Nouveau Guide France.

➡️ *Noël est le 25 décembre.*

1. _____

2. _____

3. _____

4. _____

5. _____

6. _____

7. _____

8. _____

9. _____

10. _____

E. L'emploi du temps.   Based on his schedule, say when Jean-Michel has the courses indicated below or what he does on the days mentioned.

➡️ anglais: *le lundi, le mercredi et le vendredi*

le mercredi matin: *Il a le français, l'histoire, l'anglais et les maths.*

LUNDI	MARDI	MERCREDI	JEUDI	VENDREDI	SAMEDI	DIMANCHE
dessin	français	français	allemand	éducation	match de	église
biologie	musique	histoire	géographie	physique	foot	
anglais	éducation	anglais	biologie	français	(Club	
maths	physique	maths	français	histoire	sport)	
						dîner chez grand-mère
allemand	allemand	leçon de piano	peinture	anglais		
histoire	géographie		maths	musique		
français	biologie		informatique	informatique		

1. maths: _____

2. biologie: _____

3. géographie: _____

4. français: _____

5. le samedi: _____

6. le mercredi après-midi: _____

F. Et dimanche?   Write a sentence indicating what the following people are going to do on the days noted.

➡ Jeudi / Marie / faire du sport

Jeudi Marie va faire du sport. _____

1. Lundi / nous / faire une promenade _____

_____

2. Mardi / mes amis / jouer au tennis _____

_____

3. Mercredi / vous / faire du vélo _____

_____

4. Vendredi / Nathalie / faire des courses _____

_____

5. Samedi / tu / ne pas étudier _____

_____

6. Dimanche / je / ? _____

_____

Troisième étape

G. Les passe-temps.   Complete the following sentences with the correct verb form.

1. J'adore faire de la natation. Je _____ nager tous les jours.

Aujourd'hui je ne _____ pas parce que j'ai trop de travail. (vouloir, pouvoir)

2. Mes amis Thomas et Robert _____ bien faire de la natation, mais ils

ne _____ pas parce qu'ils n'ont pas le temps. (vouloir, pouvoir)

3. Mon amie Claire _____ faire de la musique avec nous parce

qu'elle joue du piano. Elle _____ apprendre à jouer de la flûte aussi.

(pouvoir, vouloir)

4. Mon ami et moi ne _____ pas jouer au tennis ce week-end parce que

nous _____ aller au cinéma. (pouvoir, vouloir)

5. Qu'est-ce que tu _____ faire ce week-end? Toi et tes amis, quand

est-ce que vous _____ faire du sport? Le mercredi? Le samedi?

(vouloir, pouvoir)

H. À l'école. Write sentences using the components given.

1. étudiants / prendre / rue Neuve pour aller à l'école

_____

2. professeur / prendre le temps de / expliquer la leçon

_____

3. nous / comprendre bien / professeur

_____

4. je / apprendre / français

_____

5. tu / apprendre / parler / anglais

_____

6. vous / ne pas comprendre / du tout?

_____

Quatrième étape: intégration

Lecture: Le dimanche des enfants

Pensez

1 What do French children do on a day off from school? Check the activities that seem probable to you.

a. _____ Ils sont acteurs/actrices dans une pièce (*play*).

b. _____ Ils vont au cinéma.

e. _____ Ils jouent de la guitare.

c. _____ Ils font un petit voyage.

f. _____ Ils font du ski.

d. _____ Ils jouent au Monopoly.

g. _____ Ils regardent la télé.

2 In French, list three or four activities that you enjoy doing on Sundays.

1. _____

2. _____

3. _____

4. _____

Observez et déduisez: en général

3 Skim the magazine article and list the possible activities given in activity 1 of **Pensez** that are actually mentioned in the reading.

_____

4 Skim the article a second time and choose the best ending for the following sentence:

Parmi (*among*) les dix enfants dans l'article...

a. _____ tous adorent le dimanche parce qu'il y a beaucoup à faire.

b. _____ tous adorent le dimanche parce que leurs parents organisent beaucoup d'activités pour eux.

c. _____ certains préfèrent l'école au dimanche parce qu'ils aiment étudier.

d. _____ certains préfèrent l'école au dimanche parce que leurs parents travaillent le dimanche et ils s'ennuient.

Enchanteur ou subi°, le dimanche des enfants

toléré

**Grasse matinée° ou jogging à l'aube°, théâtre ou télé...
que font les écoliers durant leur journée de liberté?**

grasse... *sleeping in* / tôt
le matin

Les rituels

Élève au lycée Michelet de Marseille, Élodie vient d'avoir 15 ans. Il y a
deux sortes de dimanches, dit Élodie: ceux qui sont «banals et ternes° parce
qu'on se repose». Et ceux qu'elle consacre à sa passion: le théâtre. Depuis
l'âge de 7 ans, Élodie joue dans la troupe amateur du Lacydon. Pour elle,
dimanche égale répétitions° et... représentation°. «C'est le seul jour de la
semaine où tout le monde est disponible° en même temps. C'est un plaisir
incomparable d'être sur scène et de sentir° le public qui vous regarde.» Le
public évidemment est conquis° d'avance: ce sont les parents, la famille et les
copains.

dull

rehearsals / performance
available
feel
conquered

Le charme discret des dimanches en province

Pour Olivia, 11 ans, «les dimanches, c'est la forêt, c'est s'échapper de Nice,
c'est la liberté, c'est du temps pas compté». Sa famille se partage une vieille
et grande maison de village en montagne°. «C'est comme des vacances, en
bien trop court. Les parents oublient d'être sur notre dos° pour nous dire: "C'est
l'heure, fais tes devoirs, dépêche-toi."» Quelques «instantanés°», de ceux
qu'elle racontera° à sa copine pendant le cours de français? «Les longues
parties de Monopoly avec papa, les châtaignes° que l'on cherche sous les
feuilles en automne, les confitures° de mamie°.» Et aussi «les petits matins
glacés° d'hiver où l'on part°, encore mal réveillé°, les skis sur le dos.»

mountains
sur... *on our case*
hurry up /examples
va raconter
chestnuts
jams /grandma
icy / sets out / awake

J'sais pas quoi faire, vivement lundi!

Et puis, il y a les enfants qui s'ennuient°, parce que leurs parents travaillent,
comme Obé, dont le papa est chauffeur de taxi, ou comme Csaba, qui
regarde le sport à la télé, pendant que sa maman dirige° un théâtre. «Moi,
mes parents veulent dormir°, et je n'ai pas le droit° de faire du bruit ou d'inviter
des copines», regrette Nina. Alors, tout compte fait°, ces enfants-là préfèrent
encore l'école au dimanche et attendent° le lundi avec impatience. Comme
Mathieu, 13 ans, au collège Joffre de Montpellier. «Un dimanche sur quatre,
je passe l'après-midi devant la télé. Pour tuer le temps, je zappe à la recherche
d'un bon film. Mais il faut que le film soit bon, c'est-à-dire que ce soit un film
d'action. Sinon, je regarde des cassettes: *Alien I et II, Terminator.*»

are bored

directs
sleep / right
tout... *all in all*
wait for

Flavie, 14 ans, déplore elle aussi les dimanches incolores. «C'est toujours
pareil°: Canal Plus, famille, cousins... Voici un déjeuner typique chez mes
grands-parents à Pantin: coquilles Saint-Jacques farcies°, gigot°, flageolets°.
Trois heures à table, c'est long... »

la même chose
coquilles... *stuffed
scallops / leg of lamb /
beans*

Les enfants du divorce

Pour les enfants du divorce, comme Olivia, 13 ans, élève dans un collège de
Saint-Bonnet-de-Mure dans le Rhône, l'année est rythmée par les dimanches avec
papa et ceux avec maman. Ses parents sont séparés depuis à peine un an. Bien
sûr, Olivia en a été perturbée, mais elle trouve au moins un intérêt à cette nouvelle
situation. Ses week-ends ne sont plus, comme naguère°, synonymes d'ennui.
«Maintenant, je fais deux fois plus de choses qu'avant. Le dimanche avec
maman, on va au cinéma, et l'hiver, on fait du ski avec une association. Quand
c'est le tour de papa, je l'accompagne à son club d'aviation.»

avant

Musique, pique-nique et embouteillages

Dimanche, jour de la musique: «Je joue du piano tout l'après-midi et je ne m'en lasse° pas, raconte la très sérieuse Élisabeth. Surtout Beethoven et Chopin. Mon prof dit qu'il faut que je joue encore plus et papa, qui est pianiste, corrige mes erreurs.» Dimanche, jour de pique-nique: «Ce qui est bien dans la forêt de Fontainebleau, c'est qu'on peut sortir de° table quand on veut», remarque Églantine. Dimanche et ses retours embouteillés: «Quand on revient de Trouville, y'a malheureusement plein de gens qui ont eu° la même idée que nous à la même heure.»

weary

sortir... *leave*

ont... *have had*

Source: Marie France

Déduisez et confirmez: en détail

5 **Les mots.** Using logic and the context in which they occur in the reading, can you guess what the following words mean? They are listed in the order in which they appear. Choose the best English equivalent from the choices given.

Section: Les rituels

1. _____ banal   **a.** ordinary   **b.** baleful

2. _____ se reposer   **a.** to pose   **b.** to rest

Section: Le charme...

3. _____ s'échapper   **a.** to shop   **b.** to escape from

4. _____ court   **a.** short   **b.** long

Section: J'sais pas...

5. _____ tuer (le temps) **a.** to tie   **b.** to kill

6. _____ incolores   **a.** colorless   **b.** colorful

Section: Les enfants...

7. _____ l'ennui   **a.** the enemy   **b.** boredom

Section: Musique...

8. _____ retours   **a.** returns   **b.** travels

9. _____ embouteillés   **a.** bottles   **b.** jammed

6 **Le texte.** For each of the children in the reading, list the activities that they do on Sundays. Note that some children do more than one activity.

1. Élodie _____

_____

2. Olivia (11 ans) _____

_____

3. Obé _____

_____

4. Csaba _____

_____

5. Nina _____

_____

6. Mathieu _____

_____

7. Flavie _____

_____

8. Olivia (13 ans) _____

_____

9. Élisabeth _____

_____

10. Églantine _____

_____

Explorez

Complete the following sentences with your own ideas. In the first two, react to the school children in the magazine article. In the last item, describe at least four activities that you are going to do.

1. Je voudrais passer un dimanche avec _____

parce que _____

_____

2. Je ne voudrais pas aller chez _____

le dimanche parce que _____

_____

3. Ce dimanche, _____

_____

_____

_____

_____

À table!

5
chapitre

Première étape

A. Les achats. Help Odile save time. Rearrange her shopping list so that all items bought at the same store are grouped together.

riz
sel
pêches
tarte aux pommes
yaourt
carottes
biftecks
crevettes
fromage
croissants
jambon
thon
tomates
pâté
pain
homard
lait
gâteau
saucisses
rosbif

épicerie

_____

_____

_____

_____

_____

poissonnerie

_____

_____

_____

boucherie

_____

_____

_____

charcuterie

_____

_____

boulangerie-pâtisserie

_____

_____

_____

B. Devinez.   Find vocabulary items that match the following descriptions.

1. C'est un légume vert, mince et long. _____

2. C'est un dessert froid. Il y a des parfums (*flavors*) différents. _____

3. C'est un produit énergétique. On fait un sandwich avec ce produit.

   _____

4. C'est une boisson alcoolisée. Quelquefois elle est rouge, quelquefois blanche.

   _____

5. C'est un fruit rond. Il est rouge ou vert ou jaune. _____

6. C'est un poisson qu'on trouve dans une salade niçoise. _____

7. À vous maintenant. Écrivez une devinette pour la classe.

   _____

C. Quels ingrédients?   Say what ingredients you would buy to prepare the following items. Choose from the following list of ingredients and *add others* if you wish.

salade   fromage   bœuf   lait   œufs   pommes de terre

thon   sucre   tomates   carottes   farine (*f.*) (*flour*)   oignons

➡ Pour préparer un gâteau, j'achète *du sucre, du beurre, de la farine, du sel et du lait.*

1. Pour préparer un citron pressé, _____

   _____

2. Pour préparer un ragoût (*stew*), _____

   _____

3. Pour préparer une salade niçoise, _____

   _____

4. Pour préparer une quiche, _____

   _____

5. Pour préparer une tarte, _____

   _____

6. Pour préparer votre sandwich préféré, _____

   _____

D. Qu'est-ce qu'on boit?   Say what the following people do and do not drink. Use the verb **boire** and a form of the partitive article as in the example.

➡ Moi / + café, vin / – chocolat

Moi, je bois du café et du vin. Je ne bois pas de chocolat. _____

1. Mes cousins / + Canada Dry, Perrier / – bière

_____

2. Ma sœur (Mon frère) / + lait, eau minérale / – coca

_____

3. Vous / + vin rouge, thé au citron / – limonade

_____

4. Toi / + jus de fruits, vin blanc / – citron pressé

_____

5. Mes amies et moi, nous / + coca, bière / – thé au lait

_____

6. Moi / + ? / – ?

_____

E. Claire Bouffetout.   Complete the following paragraph about Claire Bouffetout using the appropriate *partitive*, *definite*, or *indefinite* article as required.

Claire est gourmande; elle adore manger. Chaque matin, elle prend _____ pain et

_____ beurre avant de manger _____ céréales. Comme boisson, elle a toujours

_____ café au lait. Le matin vers dix heures, elle mange _____ tarte et boit _____

jus de fruits. Claire aime surtout _____ déjeuner parce qu'elle aime beaucoup _____

légumes. D'habitude elle prend _____ salade verte et une assiette de légumes: _____

petits pois, _____ haricots, _____ carottes ou _____ maïs. Claire ne mange pas

_____ viande parce qu'elle est végétarienne. Elle n'aime pas _____ bœuf ni _____

porc, mais quelquefois elle prend _____ poisson. En général elle mange _____

fromage, _____ fruits et _____ dessert (_____ glace, _____ mousse au chocolat,

_____ gâteau). Comme boisson, elle boit _____ eau minérale. Le soir, elle mange (un peu) moins. Elle prépare souvent _____ soupe, _____ quiche ou _____ pizza, ou bien elle prend _____ pâté et _____ pain ou quelquefois _____ pâtes ou _____ riz. Elle aime beaucoup _____ coca ou _____ limonade. Bien sûr, elle aime aussi _____ dessert. Claire «bouffe tout»!

F. Mangez au restaurant.   Create dialogues in which you and two of your friends order the following meals. Vary the polite expressions you use to order.

1. (poulet / pommes de terre / bière); (rosbif / haricots verts / citron pressé); (poisson / maïs / café crème)

—_____

—_____

—_____

2. (salade / saucisse / coca); (bifteck frites / carottes / vin rouge); (hamburger à l'avocat / frites / jus d'orange)

—_____

—_____

—_____

3. (À vous d'imaginer!)

—_____

—_____

—_____

Deuxième étape

G. Mais non!   David surveyed several classmates on their eating habits. By coincidence, they responded negatively to every question he asked. Read the questions that follow, then write a likely answer using the expressions **ne... pas, ne... plus,** and **ne... jamais.**

➡   Tu manges encore avec ta famille?

   *Non je ne mange plus avec ma famille.*_____

1. Tu bois du lait?

   _____

2. Tu prends souvent du homard?

_____

3. Tu manges des crevettes au petit déjeuner?

_____

4. Tu manges souvent dans des restaurants exotiques?

_____

5. Tu prends encore du thé au lait?

_____

6. Tu prépares encore du pain grillé?

_____

7. Tu paies souvent les repas de tes copains?

_____

8. Tu as encore le temps de prendre le petit déjeuner?

_____

H. Combien de... Specify the quantities of the grocery items M. Jospin purchased today. Fill in the blanks, using the following expressions: **douzaine, tranche, boîte, kilo, bouteille, litre, morceau, 500 grammes.** Use each expression only once.

➡ _____*une bouteille de*_____ limonade

1. _____ œufs   **5.** _____ carottes

2. _____ fromage   **6.** _____ lait

3. _____ jambon   **7.** _____ roquefort

4. _____ vin   **8.** _____ petits pois

I. Qu'est-ce qu'on mange chez vous? Compare your eating/drinking habits to those of the friends and family listed below. Decide what food items to compare and use **autant** (=), **moins** (–), and **plus** (+) as indicated.

➡ (mère / =) _*Ma mère mange autant de légumes que moi.*_____

1. (frère / +) _____

2. (cousins / –) _____

3. (meilleure amie / =) _____

4. (père / –) _____

5. (camarade de chambre / =) _____

6. (? / +) _____

J. Opinions personnelles.   Express a personal opinion on the items below, using the adjectives indicated. Use all three types of comparisons: superiority, inferiority, and equality.

1. le homard et les crevettes (cher)

_____

2. les plats préparés (la pizza, les sandwichs, etc.) et un repas traditionnel français (appétissant)

_____

3. les fruits et les produits énergétiques (sain)

_____

4. le bifteck et le saucisson (gras)

_____

5. la glace au chocolat et le gâteau au chocolat (bon)

_____

Troisième étape

K. Paul Pressé.   First look at the pictures below and on the next page and number them chronologically.

_____ faire les courses   _____ préparer le dîner   _____ regarder la télé

 _____ prendre l'autobus

 _____ acheter des légumes

 _____ parler au téléphone;
oublier son dîner

 _____ boire un café

Now write sentences in chronological order telling what Paul did last Saturday based on the pictures and verb cues.

1. _____

2. _____

3. _____

4. _____

5. _____

6. _____

7. _____

L. Qu'est-ce qu'ils ont fait?   Using the cues, write a statement in the **passé composé** telling what these people did yesterday.

1. Mamadou / faire les courses / supermarché

_____

2. Jeanne et Pierre / acheter / légumes exotiques

_____

3. Tu / ne pas manger / restaurant

_____

4. Nous / prendre / poulet / comme plat garni

_____

5. Vous / boire / vin blanc

_____

6. Mes copains / ne pas payer / mon dîner

_____

M. Et toi?   What about you? Write two things you have done recently and two things you have not done. Use different verbs for each sentence.

1. _____

2. _____

3. _____

4. _____

N. Expliquez.   Try your hand at writing explanations about things, people, and places. Use the expressions on page 180 in your text to help you describe the following items.

➡ épicerie *C'est un magasin. Une épicerie est plus petite qu'un supermarché. C'est là où on achète des fruits, des légumes et du lait, par exemple.*

1. un supermarché _____

_____

2. un restaurant _____

_____

3. un dessert _____

_____

4. un plat garni _____

_____

5. une serveuse _____

_____

6. un chef de cuisine _____

_____

Quatrième étape: intégration

Lecture: Sandwichs, le test

Pensez

1 Circle the words you are most likely to find in this article taken from a magazine on health and fitness, considering the title of the reading.

beurre	dessert	viande
régime	mayonnaise	santé
grossir	poulet	appartement
jambon	restaurant	tomate

Observez et déduisez: en général

Skim the article and, looking at the subtitles and other information, rank the five sandwiches from healthiest to least healthy.

1. _____

2. _____

3. _____

4. _____

5. _____

Sandwichs, le test

En France, nous achetons chaque jour plus de trois millions de sandwichs. Ce n'est pas une raison pour avaler « n'importe quoi entre deux tranches de pain ». Le Dr Thierry Gibault, nutritionniste, a analysé pour vous les sandwichs les plus courants. Son opinion.

JAMBON-BEURRE-CORNICHONS : ÉQUILIBRÉ

Ce grand classique présente un bon équilibre nutritionnel entre les protéines, les sucres et les graisses. Une seule réserve : le beurre (graisse animale saturée) est déconseillé à ceux qui souffrent d'excès de cholestérol. Une bonne note tout de même.

Calories : 500
Sucres : 47%
Graisses : 34%
Protéines : 17%

POULET-CRUDITÉS* : IDÉAL

C'est incontestablement le meilleur sandwich sur le plan nutritionnel : un apport parfait en protéines et des graisses en proportion limitée. De plus, les lipides de la volaille, en majorité insaturés, sont bénéfiques pour la santé. Attention toutefois au surplus de mayonnaise...

*Concombre-tomate-salade-mayonnaise.

Calories : 560
Sucres : 43%
Graisses : 35%
Protéines : 21%

HOT-DOG : PAS SI MAL

Contrairement aux apparences, cet en-cas est peu gras, nettement moins que le sandwich au camembert! De plus, les graisses de la saucisse (viande de porc) sont proportionnellement moins saturées que celles du fromage. Un peu court en protéines toutefois.

Calories : 530
Sucres : 45%
Graisses : 36% **Protéines : 17%**

BEURRE-CAMEMBERT : TROP GRAS

Un peu plus riche que le « jambon-beurre » car le camembert est plus gras. Bilan, plus de graisses et moins de protéines et de sucres lents. Attention, également, en cas de cholestérol.

Calories : 560
Sucres : 41%
Graisses : 42%
Protéines : 15%

LE « TURC* » : À ÉVITER

Carton rouge! Trop riche (250 cal de plus que les autres, soit l'équivalent d'un pain au chocolat ou de trois yaourts) et, surtout, bien trop gras (merci, les frites!). Du coup, pas assez de protéines à effet rassasiant ni de sucres lents. Une folie à réserver aux grandes occasions...

*Viande-tomates-oignons-sauce-frites.

Calories : 800
Sucres : 40%
Graisses : 43%
Protéines : 16%

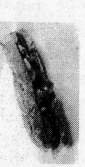

LA MÉTHODE

Tous ces calculs prennent en compte un sandwich « de base », réalisé avec 100 g de pain (près d'une demi-baguette), 60 à 80 g de garniture (jambon, saucisses, camembert, poulet, crudités...) et des quantités adaptées de beurre, moutarde, salade, sauce.

Source: Images copyright © Jean-François Chavannes/M. Magazine. Used by permission.

Déduisez et confirmez: en détail

3 **Les mots**

A. Devinez. Find the following words in context in the article and write their equivalent in English.

1. équilibre _____

2. graisses _____

3. folie _____

4. proportionnellement _____

5. contrairement _____

6. excès _____

7. bénéfiques _____

8. déconseillé _____

B. Identifiez. Read the magazine article and determine which of the phrases in the right-hand column best describes each of the sandwiches in the left-hand column.

1. ____ Le jambon-beurre-cornichons

2. ____ Le poulet-crudités

3. ____ Le beurre-camembert

4. ____ Le «Turc»

5. ____ Le hot-dog

a. est trop gras à cause des frites.

b. n'est pas aussi mauvais que sa réputation.

c. est bon pour la santé, mais il contient un peu trop de matière grasse.

d. a une proportion raisonnable de graisses et de protéines.

e. contient un fromage très gras.

4 **Le texte**

A. Qualité. Complete the following sentences with **plus, moins, aussi,** or **meilleur(e)(s),** according to the information in the reading.

1. Un pain au chocolat est _____ riche que trois yaourts.

2. Le hot-dog est _____ dangereux pour le cœur que le «Turc».

3. Les graisses de la saucisse sont _____ que les graisses du camembert.

4. Le beurre-camembert est _____ gras que le hot-dog.

5. Le jambon-beurre-cornichons est équilibré, mais _____ bon que le poulet-crudités.

B. Quantité. Complete the following sentences with **plus de, moins de,** or **autant de,** according to the information in the reading.

1. Le beurre-camembert a _____ calories que le poulet-crudités.

2. Le hot-dog a _____ calories mais _____ graisses que le poulet-crudités.

3. Le poulet-crudités a _____ légumes que le «Turc».

4. Le jambon-beurre-cornichons contient _____ protéines que le hot-dog.

Explorez

1. In your opinion, what is the ideal sandwich? Write four sentences describing your creation.

➡ *Le meilleur sandwich a beaucoup de crudités, mais pas d'oignons.*

1. _____

2. _____

3. _____

4. _____

2. Now compare your sandwich with those in the article. Write five sentences using any of the following words.

plus   moins   aussi   autant

1. _____

2. _____

3. _____

4. _____

5. _____

Le temps et les passe-temps

6

chapitre

Première étape

A. Quel temps fait-il? Based on the weather report below, say what the weather is like in the cities listed in items 1 through 5.

➡ À Regina *il y a des nuages et il fait très froid. La température est entre moins sept et moins quatorze degrés.*

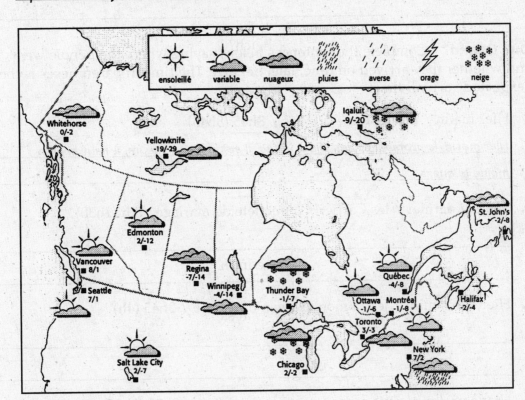

1. À Chicago _____

2. À Halifax _____

3. À Vancouver _____

4. À New York _____

5. À Iqaluit _____

B. Associations. Refer to the expressions in your textbook used to talk about weather. Describe the typical weather pattern in your area for each of the seasons, using the expressions you associate with that season. (You can also say what the weather is *not* like.)

1. Au printemps _____

_____

2. En été _____

_____

3. En automne _____

_____

4. En hiver _____

_____

C. Où? Quand? Complete the sentences below, saying where the people went and whether they arrived on time, late, or early. The time in parentheses is the "expected" arrival time.

➡ Hier matin / professeur / à la fac / 8h45 (8h45)

Hier matin, le professeur est allé à la fac. Il est arrivé à l'heure, à neuf heures _____

moins le quart. _____

1. Samedi dernier / les Cartier / à une fête de mariage / 2h (1h30)

_____

_____

2. Hier après-midi / je / à mon examen d'histoire / 3h45 (4h)

_____

_____

3. Hier soir / mes amis et moi, nous / au concert / 8h30 (8h30)

_____

_____

4. Ce matin / vous / à Genève / 10h20 (10h30)

_____

_____

5. Hier soir / mon amie Claudine / au cinéma / 7h40 (7h40)

_____

_____

6. Dimanche après-midi / tu / au musée / 1h15 (1h)

_____

_____

D. Combien de temps?   Complete the sentences, saying how long the following people stayed in the places indicated and what time they returned home.

➡ Léopold / à la bibliothèque (8h15–8h40)

Léopold est resté vingt-cinq minutes à la bibliothèque. Il est rentré à neuf

heures moins vingt.

1. Les étudiants / au restaurant universitaire (9h10–10h) _____

_____

2. Tu / à la pâtisserie (9h45–10h05) _____

_____

3. Nous / à la banque (10h15–10h25) _____

_____

4. M. Achat / au supermarché (10h50–12h) _____

_____

5. Vous / au café (12h30–1h45) _____

_____

6. Je / au musée (2h15–4h30) _____

_____

E. Il y a longtemps?   Help the police track down the bank robber. Look at the sign-in sheet below and say how long ago each person entered the bank vault. The current time is 4:30 P.M.

8h15	M. Jacques Tournier
9h30	Mme Anne-Marie Dion
10h00	Mlle Naïma Rubert
11h30	Mme Dupont
1h30	Mlle Mireille Dubonnet
3h45	M. Driss Mustapha

1. M. Jacques Tournier _____

2. Mme Anne-Marie Dion _____

3. Mlle Naïma Rubert _____

4. Mme Dupont *est entrée il y a cinq heures.* _____

5. Mlle Mireille Dubonnet _____

6. M. Driss Mustapha _____

Deuxième étape

F. Chassez l'intrus.   One word in each group cannot be used with the verb in parentheses. Identify which one and explain your response, using the subject indicated.

➡ (voir) un film / un roman / une comédie / un drame

On *voit un film, une comédie et un drame, mais on lit un roman.* _____

1. (dire) des bêtises / la vérité / des variétés / son opinion

Je _____

_____

2. (voir) des dessins animés / des bandes dessinées / des drames / des feuilletons

Nous _____

_____

3. (écrire) les sports / des lettres / des romans / des rapports

Vous _____

_____

4. (lire) le journal / des histoires / le journal télévisé / une publicité

On _____

_____

G. Un week-end pluvieux.   Danielle describes how she and her cousin spent a rainy weekend. Complete the paragraph in the **passé composé,** choosing from the verbs in the list. You may use a verb more than once, but you must use each verb at least once. (Attention! Some verbs use **être** and others use **avoir** as the auxiliary.)

aller	comprendre	lire	rentrer
apprendre	décider	oublier	rester
arriver	écrire	préparer	voir
commencer	faire	rater	

Quel mauvais temps! Patrick (1) _____ vers 9h30 samedi

dernier sous la pluie. Impossible de faire du sport ou une promenade. Alors

nous (2) _____ les critiques de films dans le journal et nous

(3) _____ d'aller au cinéma. Nous (4) _____ vers

15h45. Le film (5) _____ à 16h. Nous (6) _____

Chocolat—un excellent film! Après la séance, nous (7) _____ au

café retrouver nos copains et prendre une boisson. Malheureusement nous

(8) _____ l'heure, alors nous (9) _____ deux heures

en retard. Mes parents (ne pas) (10) _____! Ils n'étaient pas du tout

contents parce que nous (11) _____ le dîner—et la fête de mon

oncle Georges! Conséquence? Le lendemain, je (12) _____ à la

maison et j(e) (13) _____ mes devoirs. J(e) (14) _____

un rapport pour mon cours de psychologie et j(e) (15) _____ un

examen d'anglais. Et j(e) (16) _____ à ne pas oublier l'heure!

H. La compatibilité. Christophe is looking for someone to share an apartment with him. Read his questions, and answer according to your own preferences and habits. Use a direct object pronoun in your response.

➡ —Pavarotti est mon chanteur favori. J'adore la musique classique, et toi?

—_Bien sûr, je l'aime beaucoup_ (or: _Je ne l'aime pas du tout._)

—En plus, j'aime les films d'épouvante—et toi?

—_____

—Par contre, je ne regarde jamais la télévision. Tu regardes souvent la télévision?

—_____

—Moi, j'ai un abonnement au journal. Tu lis le journal tous les jours?

—_____

—Moi, je ne sais pas cuisiner. Tu fais la cuisine peut-être?

—_____

—Je suis un étudiant sérieux et je fais mes devoirs tous les soirs. Et toi?

—_____

—Le week-end j'adore faire du sport. Et toi, tu aimes le sport aussi?

—_____

I. Un(e) étudiant(e) typique? The teacher wants to be sure you're keeping up with your work and that you understand the material well. Answer the following "teacher" questions using a direct object pronoun in your response. Don't forget to make agreement of the past participle when necessary.

1. Vous avez fait vos devoirs?

_____

2. Vous avez lu la leçon?

_____

3. Vous avez vu la vidéo?

_____

4. Vous avez compris les exercices?

_____

5. Vous voulez passer l'examen aujourd'hui?

_____

6. Vous voulez écrire votre rapport?

_____

7. Vous voulez aider vos camarades?

_____

8. Vous voulez écouter le CD?

_____

Troisième étape

J. Les choix. Indicate the choices you think the following people would make from among those indicated below.

➡ choisir des desserts au chocolat

Les gens disciplinés *ne choisissent pas de dessert(s) au chocolat.*

Moi, je *choisis toujours des desserts au chocolat!*

1. réfléchir à sa santé

Les gens disciplinés _____

Mon copain _____

Je _____

2. réussir à faire du sport tous les jours

Les étudiants disciplinés _____

Ma famille et moi, nous _____

Vous _____

3. finir vite les devoirs

Les étudiants disciplinés _____

Mes camarades de classe _____

Moi, je _____

4. choisir des plats sains

Les gens disciplinés _____

Mon/Ma camarade de chambre _____

Vous _____

K. Grossir ou maigrir? Read about the habits of the following people and complete the sentences with the correct form of the logical verb: **grossir** or **maigrir.**

1. Les étudiantes _____ parce qu'elles prennent souvent des hamburgers et des frites au déjeuner.

2. Le professeur ne regarde pas d'émissions sportives à la télé, mais il fait de la gymnastique tous les jours, alors il _____.

3. Quand tu manges trop de desserts, tu _____, bien sûr!

4. Nous mangeons toujours des plats sains, et nous faisons régulièrement de l'exercice. Voilà pourquoi nous _____.

5. Vous n'aimez pas du tout le sport ou les activités physiques, mais vous adorez le chocolat, alors vous _____.

6. Pendant les vacances, j'aime regarder la télé et manger souvent au restaurant, donc, d'habitude je _____ un peu en été.

L. Des invitations. Put the sentences of the following conversations in a logical order.

1. _____ Ça t'intéresse?

_____ Je veux bien. Prenons ma voiture.

_____ Il y a un match de hockey cet après-midi.

_____ Bonne idée.

2. _____ Rendez-vous à six heures?

_____ Allons au restaurant. Je t'invite.

_____ Parfait.

_____ Volontiers.

3. ____ D'accord.

____ Voudriez-vous aller au cinéma?

____ Une autre fois, alors?

____ Malheureusement, je n'ai pas le temps.

Quatrième étape: intégration

Lecture: Ils sont champions du monde!

Pensez

1 **Les mots**

A. This article reports on the outcome of the 1998 World Cup final match. Many words in the reading are similar to English words. Some of them are listed below. Can you guess their meaning?

1. héroïques _____

2. légendes _____

3. demi-finales _____

4. champions _____

5. gloire _____

6. mythologique _____

7. résidence _____

8. exubérants _____

B. You will also encounter some verbs in a past tense called the imperfect (**l'imparfait**). Try to guess the infinitive form of each of the following verbs, which appear in the article in the imperfect.

1. (se) préparait _____

2. commentait _____

3. pensait _____

4. chantaient _____

Observez et déduisez: en général

2 Choose the best description for each paragraph of the article.

1. _____ «Ils sont champions... »

2. _____ «Ils sont champions du monde et... »

3. _____ «Dès les premières heures... »

4. _____ «Les joueurs... »

a. la fête après le match

b. le jour du match et les fans

c. la diligence de l'équipe

d. la victoire des Français

Ils sont champions du monde!

Ils sont champions du monde de football. Ce titre est suprême dans le sport le plus populaire de la planète. On le pensait toujours destiné aux autres: aux Allemands, aux Argentins, Italiens ou Brésiliens, tous des habitués de la gloire. La France? Elle finissait plutôt en demi-finales et en défaites héroïques. C'était vrai jusqu'à cet historique 12 juillet 1998, jusqu'à cette liesse° insensée qui a déferlé sur tout un pays. «Maintenant, commentait simplement un supporter brésilien, vous allez savoir ce que c'est que la gloire».

joie

Ils sont champions du monde et ils ont jeté un million et demi de personnes sur les Champs-Élysées, la plus célèbre avenue du monde et lieu mythologique de résidence des héros grecs. Ils sont venus de partout, de l'est et du nord, des banlieues et du centre, dans des voitures décorées de drapeaux tricolores, garçons et filles exubérants, chantant, dansant, s'embrassant, criant: «On est les champions!». Ils ont recouvert la chaussée° depuis la porte Maillot jusqu'à la place de l'Étoile, quelque chose de pas vu depuis la Libération.

l'avenue

Dès les premières heures de la journée, c'était étrange, la France entière se préparait à la victoire. Bleu-blanc-rouge étaient les visages maquillés, bleu-blanc-rouge les vêtements, bleu-blanc-rouge les drapeaux. Bien des heures avant le coup d'envoi°, la foule avait pris place au Stade de France. Ceux qui n'avaient pas de billets déambulaient autour du gigantesque bâtiment pour le simple plaisir d'être là. Tous chantaient: «On va la gagner! On va la gagner!». On voyait de très importantes personnes, invités de marque, chefs d'entreprise et des cadres supérieurs hilares, le visage bariolé° porteurs du maillot de l'équipe de France ou en T-shirt. Michel Platini° montrait l'exemple. Il avait le maillot sous la veste. Jacques Chirac° son maillot fétiche, numéro 23, à la main, et l'écharpe tricolore autour du cou, comme Lionel Jospin°. Ils sont champions du monde et ils l'ont bien mérité. Le match? Quel match? Le Brésil est tombé sans honneur, dominé par une équipe de France à peu près parfaite et, cette fois, si sûre de sa force.

kickoff

painted
champion de foot
Président de la
  République
Premier ministre

Les joueurs, eux, n'ont jamais lâché, et c'est ce qui a compté. Le secret de ce groupe de vainqueurs? «La volonté de rendre la France heureuse.»

Source: Reprinted with permission from *Le mundial.*

Déduisez et confirmez: en détail

3 Les mots

A. Using context and cognates, guess the meaning of the words in bold and check the most likely English equivalent.

1. (par. 1) «On le pensait toujours **destiné** aux autres... »

   a. _____ described

   b. _____ destined

2. (par. 2) «Ils sont venus de partout, de l'est et du nord, des **banlieues** et du centre... »

   a. _____ suburbs

   b. _____ borders

3. (par. 3) «Ceux qui n'avaient pas de billets **déambulaient** autour du gigantesque bâtiment pour le simple plaisir d'être là.»

   a. _____ demonstrated

   b. _____ strolled

4. (par. 4) «Les joueurs, eux, n'ont jamais **lâché,** et c'est ce qui a compté.»

   a. _____ scored

   b. _____ gave up

B. Interprétez. Using context and cognates, guess the meaning of the phrase **«tous des habitués de la gloire»** in the first paragraph.

   a. _____ all habits of glory

   b. _____ all accustomed to glory

   c. _____ all glorious habitats

4 **Le texte**

Based on the article, choose the best verb to complete the following sentences in the **passé composé**.

chanter   gagner   faire   dire   arriver   voir

1. Le 12 juillet 1998, les Bleus _____ la Coupe du Monde.

2. Un million et demi de personnes _____ la fête dans la rue après le match.

3. La France (ne... pas) _____ une si grande fête depuis la Libération.

4. Pendant le match, tout le monde _____ : «On va gagner!»

5. Un supporteur brésilien _____ que la France va comprendre la gloire.

6. La foule _____ au Stade de France des heures avant le match.

Explorez

Imagine that you are a sports writer for your school newspaper. Choose a sport and write three or four sentences announcing an upcoming match and another three or four reporting about the match after the fact. Use expressions from Chapter 6 that indicate past and future time. Mention, for example, the day, the weather, the name of the two teams, the expected and actual outcome, and the reasons for the victory or defeat.

➡ (Avant) *Demain notre équipe de...* _____

(Après) *La semaine dernière...* _____

1. _____

_____

_____

_____

2. _____

_____

_____

_____

Voyages et transports

Première étape

A. À l'agence de voyage. Vous êtes agent(e) de voyage. Dans le tableau suivant vous indiquez les préférences de vos clients. Écrivez ces indications pour chaque client en phrases complètes.

CLIENT	CHAMBRE						HÔTEL									
	1p.	2p.	3p.	4p.	sdb.	dche.	🏊	🚗	🛗	♿	📞	TV	☆	D.P.	S.R.	R.
Ahmed		X			X		X									X
Jean-Marc	X				X											X
Klein		X			X		X			X	X					
Saint-Paul		X									X				X	
Dupont			X			X	X	X				X	X			

Légende des abbréviations

sdb. = salle de bains
dche. = douche
🏊 = piscine
🚗 = garage
🛗 = ascenseur
♿ = chambres accessibles aux handicapés physiques

📞 = téléphone dans la chambre
TV = télévision dans la chambre
☆ = petit déjeuner
D.P. = demi-pension
S.R. = sans restaurant
R. = restaurant

➡ Mademoiselle Ahmed: *Elle voudrait une chambre à deux personnes avec salle de bains. Elle préfère un hôtel avec un restaurant et un garage.*

1. Jean-Marc: _____

_____

2. Monsieur/Madame Klein: _____

_____

3. Christine et Catherine Saint-Paul: _____

_____

4. Monsieur/Madame Dupont, fils Charles: _____

_____

B. Lundi matin chez les Genet. Monsieur Genet décrit le lundi matin typique dans sa famille. Complétez sa description en employant les éléments donnés.

1. Nous / ne pas dormir / tard

_____

2. Ma femme / dormir / jusqu'à 6h30

_____

3. Les enfants / dormir / jusqu'à 7h

_____

4. Ma femme / servir / petit déjeuner / à 7h15

_____

5. 8h / les enfants / partir pour l'école

_____

6. 8h15 / ma femme et moi, nous / partir aussi

_____

7. Et vous? Jusqu'à quelle heure / dormir?
À quelle heure / sortir?

_____

C. Habitudes. Jacques fait un sondage sur les habitudes des étudiants. Répondez à ses questions par des phrases complètes.

1. Aimez-vous les repas qu'on sert au restaurant universitaire? Qu'est-ce qu'on a servi hier?

_____

_____

2. Qu'est-ce que vous servez quand vous avez des invités chez vous?

_____

_____

3. À quelle heure est-ce que vous partez pour vos cours d'habitude (*usually*)?
Est-ce que vous êtes parti(e) à l'heure ce matin?

_____

_____

4. Est-ce que vous dormez tard le samedi matin? Avez-vous dormi tard ce matin?

_____

_____

5. Où allez-vous quand vous sortez le week-end? Avec qui êtes-vous sorti(e)
le week-end dernier?

_____

_____

D. Habiter en Tunisie. En 1989, Sadia et son mari sont allés habiter en Tunisie.
Décrivez sa vie depuis 1989 d'après les informations suivantes en employant les
expressions de temps indiquées.

arriver en Tunisie	commencer ses études	stage d'été en France	terminer ses études	enseigner le français	présent
1989	1990	1992	1995	1996	200?

➡ commencer ses études (il y a)

Sadia a commencé ses études il y a _____ ans.

1. être en Tunisie (depuis) _____

2. arriver (il y a) _____

3. étudier à la fac (pendant) _____

4. faire un stage en France (pendant) _____

5. terminer ses études (il y a) _____

6. trouver un poste (il y a) _____

7. être professeur de français (depuis) _____

Deuxième étape

E. En vacances. Qu'est-ce que vous aimez faire pendant les vacances? Souvent l'activité dépend de l'endroit. Complétez la liste d'activités possibles pour les endroits indiqués. (Regardez le vocabulaire à la fin du chapitre dans votre manuel de classe si vous voulez.)

1. Au bord de la mer ou d'un lac, on peut aller à la pêche, _____

_____

2. Dans la forêt ou à la montagne, on peut faire du camping, _____

_____

3. Dans une grande ville, on peut visiter les vieux quartiers, _____

_____

4. Moi, j'aime beaucoup _____

_____

F. Les grandes vacances. Où ces étudiants vont-ils passer leurs vacances? Complétez les phrases avec la préposition ou l'article qui convient. Placez un **X** dans l'espace si la préposition ou l'article n'est pas nécessaire.

1. _____ Dakar est la capitale _____ Sénégal où Izà va passer un mois cet été.

2. _____ Portugal est la destination de Monique et de ses amis. Après ça, ils vont

aller _____ Espagne.

3. Kai pense aller _____ Londres, mais il n'est pas sûr. S'il a assez d'argent, il va

aller chez sa tante _____ Japon.

4. Guy a de la chance! Il va passer un mois _____ Chicago, _____ États-Unis. _____

Chicago est sa ville préférée!

5. Christine veut aller _____ Danemark, _____ Belgique et _____ Pays-Bas.

6. Alain a trouvé un travail d'été _____ Israël.

7. Marc va voir sa cousine _____ Guadalajara, _____ Mexique.

8. Cet été, Bernard va _____ Genève. Il va faire de l'alpinisme _____ Suisse avec

son ami Patrice.

G. De quel pays? D'où viennent les personnes suivantes? D'où reviennent-elles? Répondez selon les indications suivantes concernant leur pays d'origine et le pays dont elles reviennent.

➡ Tu: Suisse / Maroc

Tu viens de Suisse. Tu reviens du Maroc. _____

1. Madame Lagarde: Luxembourg / Pays-Bas

_____

2. Sadia et Karim Ahmed: Algérie / France

_____

3. Mes amis et moi, nous: Allemagne / Chine

_____

4. Tu: Canada / Philippines

_____

5. Vous: Brésil / Chili

_____

6. Je: ? / ?

_____

Troisième étape

H. Vacances. Complétez les phrases suivantes en employant les éléments donnés.

À l'école, le jour avant les vacances...

1. Anne / ne pas répondre / questions du professeur

_____

2. Georges / ne pas entendre / ses questions

_____

3. Les étudiants / attendre / vacances avec impatience!

_____

Pendant les vacances...

4. Ma famille et moi, nous / rendre visite / nos grands-parents

_____

5. Thomas / perdre beaucoup de temps / aéroport

_____

6. Julie et Paul Martin / descendre / dans un hôtel au bord de la mer

_____

7. Et vous? Attendre / les vacances avec impatience?

_____

I. Bon voyage! Julien et Monsieur et Madame Godot se préparent à voyager. Décrivez leurs activités. Complétez les phrases suivantes en employant **lui** ou **leur**. Faites attention au temps convenable: présent, passé ou futur.

1. *Julien part pour la Guadeloupe.*

Aujourd'hui / son camarade de chambre / prêter une valise

Aujourd'hui *son camarade de chambre lui prête une valise.*_____

Hier / son prof de français / parler des sites touristiques en Guadeloupe

Hier _____

Demain / ses parents / dire «bon voyage»

Demain _____

La semaine prochaine / ses copains / écrire des e-mails

La semaine prochaine _____

2. *Monsieur et Madame Godot prennent le train pour aller en Italie.*

Hier / l'agent de voyage / téléphoner pour donner des renseignements

Hier _____

Demain / l'employée / vendre un billet de train

Demain _____

Aujourd'hui / leur fils / rendre visite pour dire «au revoir»

Aujourd'hui _____

Aujourd'hui / leur fille / emprunter la voiture

Aujourd'hui _____

J. D'habitude. Quand vous n'êtes pas en vacances, qu'est-ce que vos copains et vous faites d'habitude? Est-ce que vous faites souvent les activités suivantes ou non? Répondez en employant le pronom qui convient: **le, la, les, l'** ou **lui, leur.**

➡ regarder quelquefois *la télé?*

(nous) *Oui, nous la regardons quelquefois.* _____

téléphoner souvent *au professeur?*

(je) *Non, je ne lui téléphone jamais.* _____

1. écrire des e-mails *à vos parents?*

(nous) _____

2. écouter *la musique de Tim McGraw?*

(nous) _____

3. parler de politique *à votre camarade de chambre?*

(je) _____

4. visiter *les sites touristiques dans votre ville?*

(je) _____

5. lire *le journal?*

(nous) _____

6. téléphoner *à vos copains/copines?*

(nous) _____

7. dire toujours *la vérité?*

(nous) _____

8. dire «bonjour» *à vos camarades de classe?*

(je) _____

Quatrième étape: intégration

Lecture: Club Med en montagne

Pensez

1 Qu'est-ce qu'on fait dans une station de ski (*ski resort*) pendant l'été? Cochez toutes les réponses qui vous semblent probables.

a. _____ On joue au tennis.

b. _____ On fait du golf.

c. _____ On nage dans la piscine.

d. _____ On va en promenades guidées.

e. _____ On fait du ski.

f. _____ On fait du golf miniature.

g. _____ On fait de l'équitation (*horseback riding*).

h. _____ On fait de la voile (*sailing*).

i. _____ On fait de la musculation (*weightlifting*).

Observez et déduisez: en général

2 Parcourez le texte une première fois. Parmi les possibilités notées dans **Pensez**, quelles activités trouvez-vous dans l'article?

3 Parcourez le texte une deuxième fois et cochez les renseignements que vous y trouvez.

a. _____ une description de Bourg-St-Maurice

b. _____ les heures où on peut faire du ski

c. _____ le prix des différents sports

d. _____ les activités organisées par le club

e. _____ les activités supplémentaires

f. _____ le nombre de jours de pluie en été

g. _____ une description de l'hôtel et des chambres

Tignes-Val Claret

Pour les mordus[1] de ski, il y a de la neige sur les glaciers! L'après-midi, tennis, piscine ou repos! Pour les amateurs de promenades, les montagnes majestueuses vous accueillent[2]. Neige d'été!

VILLAGE

Vous êtes en Savoie, dans «la» grande station du ski d'été, à 27 km de Bourg-St-Maurice. L'hôtel est situé au pied de la Grande Motte. Vous y trouverez un restaurant, un bar, une boutique, une piscine, un sauna.

LOISIRS

Jeux de société[3], films vidéo en quatre langues sur grand écran, concerts enregistrés[4], discothèque, soirées Club.

Ski, golf, vélo, tennis, randonnées[5]... vous n'aurez que l'embarras du choix. Détente entre amis, ou en famille, au bord de la piscine.

SKI D'ÉTÉ

Vous skierez sans interruption jusqu'à 13 heures, entre 2 600 et 3 550 m[6], sur le glacier de la Grande Motte. Si le ski d'été se pratique en tenue[7] légère, prévoyez[8] cependant un équipement chaud pour les jours de temps couvert.

SPORTS

Tennis: 4 courts en dur[9]. Petite salle de musculation. Gymnastiques variées: aérobic, stretching... Tir à l'arc[10]. Golf. Promenades à la découverte[11] de la faune, la flore, la géologie et l'habitat. Promenades guidées en moyenne[12] montagne.

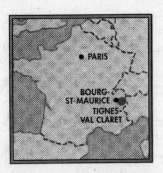

ACTIVITÉS HORS CLUB

Voile. Pêche à la truite. Tir[13]. Équitation. Rafting.

INFORMATIONS UTILES

Températures et jours de pluie

	mai	juin	juil.	août	sept.	oct.
☀	12,2	15,5	18,2	17,6	14,8	10,4
〃	4,7	5,2	5	4,7	4	4

220 chambres à 2 lits avec salle de bains — quelques-unes de 3 et 4 lits pour les familles. Il existe également[14] des chambres individuelles avec douche. Les chambres ferment à clef et sont équipées de coffrets de sécurité[15]. Vous pourrez louer des skis au village.

---

1. fanatiques 2. *welcome* 3. jeux... *parlor games* 4. *recorded* 5. promenades 6. 1 mètre = *39 inches*
7. vêtements 8. *plan for* 9. en... *hard surface* 10. *archery* 11. *discovery* 12. *middle* 13. *rifle practice*
14. aussi 15. coffrets... *safes*

Déduisez et confirmez: en détail

4 Les mots

A. Devinez. Quel est le sens des mots suivants? Écrivez l'équivalent anglais. Vous allez remarquer que les mots sont presque identiques dans les deux langues.

1. le repos _____

2. majestueuses _____

3. l'embarras _____

4. le choix _____

5. au bord de _____

6. situé _____

7. société _____

8. se pratique _____

9. couvert _____

10. variées _____

11. la faune et la flore _____

12. sécurité _____

B. Soulignez. Maintenant, soulignez au moins dix autres mots français dans l'article qui sont semblables (ou identiques) en anglais.

5 Le texte

A. Renseignements. Complétez les phrases suivantes d'après l'article.

1. Pour danser je peux aller _____.

2. Tignes–Val Claret est près de la ville _____.

3. Pour faire du shopping à l'hôtel, il y a une _____.

4. Quand on fait des randonnées on peut découvrir _____

_____.

5. Tignes–Val Claret est dans la partie de la France qui s'appelle _____.

6. Certaines chambres ont des bains et d'autres des _____.

B. Le temps. Choisissez la meilleure façon de terminer cette phrase. Quand on considère les mois de mai, juin, juillet, août, septembre et octobre...

1. _____ est le mois avec les températures les plus élevées.

2. _____ est le mois avec les températures les moins élevées.

3. _____ est le mois avec plus de cinq jours de pluie.

4. _____ est/sont le(s) mois avec un minimum de pluie.

Explorez

1. En regardant les activités offertes à Tignes–Val Claret, décidez ce que vous voudriez y faire pendant un séjour d'une semaine.

jours	mes activités		
	matin	**après-midi**	**soir**
dimanche			
lundi			
mardi			
mercredi			
jeudi			
vendredi			
samedi			

2. Quand on écrit une carte postale, ce qu'on dit dépend de la personne à qui on écrit. Le langage et les faits mentionnés peuvent beaucoup varier. Imaginez que vous avez passé une semaine magnifique à Tignes–Val Claret. D'abord, écrivez une carte postale à une personne âgée que vous avez rencontrée en France, puis une carte à votre meilleur(e) ami(e).

Chère madame,

_____

_____

_____

_____

_____

_____

_____

Cher (chère) _____ ,

_____

_____

_____

_____   _____

_____   _____

_____   _____

_____

_____

_____

B. Imaginez que vous êtes journaliste et que vous répondez chaque mois aux lettres de vos lecteurs. Ce mois-ci vous allez répondre à une lettre de Paul, qui dit qu'il ne connaît personne. Écrivez vos suggestions à Paul.*

Cher Paul,

_____

_____

_____

_____

_____

_____

_____

_____

_____

*Remember that journalists express themselves directly and in very few words due to the cost of space in publications. When writing as a journalist (even in a letter format), be sure to use a succinct style.

8. _____ Après sa journée à Conakry, l'auteur va beaucoup mieux.

_____

Explorez

Avez-vous déjà voyagé? Est-ce que vous vous souvenez de votre première nuit dans une nouvelle ville? Étiez-vous avec votre famille? Est-ce que la ville différait de chez vous? Quelles ont été vos premières impressions de la nouvelle ville? Écrivez un paragraphe qui décrit votre première nuit dans une nouvelle ville.

1. D'abord, choisissez un de vos souvenirs et identifiez-le en quelques mots.

_____

2. Donnez un titre à votre paragraphe. _____

_____

3. Faites une liste de verbes qui disent ce qui s'est passé et quelles étaient les circonstances (sentiments, temps, etc.).

Qu'est-ce qui s'est passé?   *Quelles étaient les circonstances?*

_____   _____

_____   _____

_____   _____

4. Maintenant, écrivez votre paragraphe.

_____ (titre)

_____

_____

_____

_____

_____

_____

_____

6 **Le texte.** Répondez aux questions suivantes.

1. D'après le passage, quelle est la position du mouvement féministe des années 70 à l'égard du travail des femmes?

_____

2. Dans quel secteur est-ce que les femmes travaillent surtout?

_____

3. Le travail à temps partiel est-il important pour les femmes qui travaillent?

_____

Explorez

1. Chaque famille est différente. Certaines ont une longue tradition de femmes qui travaillent hors du foyer. Dans d'autres familles la femme travaille seulement à la maison. Comparez les femmes de différentes générations dans votre famille en terminant les phrases suivantes.

Ma grand-mère _____

_____

_____

Ma mère _____

_____

_____

Pour moi, le travail _____

_____

_____

_____

2. Le passage dit que «pour un nombre croissant de femmes, travailler est une condition de l'autonomie et de l'épanouissement personnel». Êtes-vous d'accord? Écrivez vos idées à ce sujet.

_____

_____

_____

_____

_____

_____

6. _____ L'acuponcture est moins utilisée que l'homéopathie.

_____

_____

7. _____ On accepte avec tolérance les «guérisseurs».

_____

_____

8. _____ 58% des Français considèrent l'idée de se faire psychanalyser.

_____

_____

9. _____ Les femmes s'intéressent plus que les hommes à la psychanalyse.

_____

_____

10. _____ La majorité des Français considèrent la psychanalyse utile pour des problèmes professionnels.

_____

_____

11. _____ D'après le sondage, 16% des Français ont un ami ou un membre de leur famille qui a été en traitement chez un psychanalyste.

_____

_____

B. L'humour du titre. Expliquez ce qui est amusant dans le titre de cet article.

_____

_____

_____

_____

C. L'humour de l'illustration. Regardez l'illustration à la page 151. Il faut savoir que les «plantes» des pieds sont le dessous des pieds (*soles*). Dans un article qui traite des «médecines douces», comment est-ce que le titre du livre que l'homme lit montre de l'humour?

_____

_____

_____

_____

Explorez

Les médecines douces et la psychanalyse. Prenez position pour ou contre l'efficacité de la médecine non traditionnelle. Complétez le tableau qui suit, et donnez des exemples pour soutenir votre point de vue.

Type de médecine non traditionnelle	Efficacité (Oui ou non?)	Exemples
L'acuponcture		
La psychanalyse		
L'homéopathie		
L'ostéopathie		
La phytothérapie		

Maintenant, écrivez un paragraphe dans lequel vous développez une de ces idées.

_____

_____

_____

_____

_____

_____

Des questions d'actualité

Chapitre complémentaire

A. Subjonctif? Décidez si les phrases suivantes emploient le subjonctif. Soulignez le verbe au subjonctif. Indiquez pour chaque phrase s'il y a *un* sujet ou *deux*.

➡ __2__ Je voudrais que la discrimination <u>finisse.</u>

1. ____ Les immigrés contribuent à notre société.

2. ____ Il est temps que le gouvernement protège les immigrés.

3. ____ Nous avons tous besoin de lutter contre l'intolérance.

4. ____ Il faut que nous nous entendions mieux.

5. ____ C'est dommage qu'on ferme les frontières.

6. ____ J'aimerais qu'on encourage le respect des autres cultures.

B. L'intolérance. Complétez les phrases suivantes avec le subjonctif des verbes indiqués.

1. Il est important qu'on _____ (apprendre) la langue du pays.

2. Il ne faut pas que nous _____ (fermer) les frontières.

3. Il n'est pas nécessaire que le gouvernement _____ (interdire) la liberté d'expression.

4. Il est temps qu'on _____ (accepter) des différences culturelles.

5. Je suis triste que nous _____ (ne pas s'entendre) bien.

6. C'est dommage que vous _____ (ne pas respecter) le droit à la différence.

7. Je suis content que tant de gens _____ (choisir) d'habiter notre pays.

C. Point de vue. D'abord, lisez les phrases suivantes qui expriment un fait objectif, puis changez-les selon l'exemple pour exprimer une opinion subjective. Commencez chaque phrase par une des expressions données.

Il est temps	Il faut	Il est nécessaire	Il est important
C'est dommage	C'est malheureux	Je voudrais que	J'aimerais que

➡ Le gouvernement stimule la recherche pour trouver des solutions aux problèmes.

Il faut que le gouvernement stimule la recherche pour trouver des solutions aux problemes.

1. Nous cherchons des solutions aux problèmes économiques.

_____

_____

2. Vous ne pensez pas au problème de l'immigration.

_____

3. Les immigrés réussissent à apprendre la langue du pays.

_____

_____

4. Nous éliminons les préjugés.

_____

5. Nous organisons des campagnes contre l'intolérance.

_____

_____

6. Vous acceptez les différences culturelles.

_____

D. Émotions. Patrick veut aider les sans-abri. Indiquez ses émotions et ses désirs en complétant les phrases suivantes.

➡ Je suis triste que / ne pas avoir de logement

(tant de gens) _Je suis triste que tant de gens n'aient pas de logement._

1. Je suis triste que / ne pas avoir de logement

(les immigrés) _____

_____

(nous) _____

_____

2. C'est dommage que / être intolérant

(vous) _____

_____

(Jean-Marie) _____

_____

3. Il faut que / vouloir aider les pauvres

(vous) _____

_____

(ces politiciens) _____

_____

4. J'aimerais que / pouvoir avoir du travail

(tout le monde) _____

_____

(nous) _____

_____

5. Il est important que / faire appel aux députés

(vous) _____

_____

(tu) _____

_____

6. Je voudrais que / savoir combattre la misère

(on) _____

_____

(ces gens) _____

_____

E. Un sans-logis. Monsieur Chevalier, un des milliers de sans-logis en France, partage les sentiments de l'abbé Pierre. Complétez le paragraphe en employant l'infinitif ou le subjonctif des verbes suivants. N'employez chaque verbe qu'une fois.

attendre	faire	perdre
être	vivre	lancer
vouloir	se mobiliser	défendre

Je suis triste que beaucoup de gens (1) _____ leur logement. C'est

dommage de (2) _____ dans la rue. Je suis surpris que tant de gens

(3) _____ si indifférents. Mais je suis content que certaines organisations

(4) _____ aider les pauvres. Heureusement qu'il a des gens qui voudraient

(5) _____ les sans-logis. Il est triste que le gouvernement (6 ne rien)

_____ . Il est temps de (7) _____ . Il faudrait

(8) _____ des pétitions. Il ne faut pas qu'on (9) _____ des

catastrophes!

F. Opinions. En français, on peut exprimer ses opinions et ses sentiments en employant le subjonctif *ou* l'infinitif. Récrivez les phrases suivantes en employant le sujet donné et le subjonctif.

➡ C'est dommage d'abandonner les sans-logis. (on)

C'est dommage qu'on abandonne les sans-logis.

1. C'est triste de ne pas avoir de logement. (les sans-abri)

_____

2. C'est dommage de refuser de donner des logements vides aux sans-abri. (les villes)

_____

3. C'est malheureux de dormir dans la rue. (tant de jeunes)

_____

4. Il ne faut pas oublier les sans-abri. (nous)

_____

Maintenant, récrivez les phrases suivantes en employant un infinitif selon l'exemple.

➡ Il faut que nous aidions les pauvres.

Il faut aider les pauvres.

5. Il faut que tout le monde respecte les sans-abri.

_____

6. Il est temps que nous bâtissions de nouveaux logements.

_____

7. Il vaut mieux qu'on fasse appel aux maires.

_____

8. Je voudrais que nous arrêtions la misère.

_____

Lab Manual

Bonjour!

Prononciation

A. L'alphabet. Listen to the French alphabet and repeat each letter.

a b c d e f g h i j k l m n o p q r s t u v w x y z

Now, listen again and write the letters you hear.

1. _____   **4.** _____

2. _____   **5.** _____

3. _____   **6.** _____

B. Les accents. Listen to the French diacritical marks and repeat each one.

un accent aigu   un tréma
un accent grave   un trait d'union
un accent circonflexe   une apostrophe
une cédille

You will now hear a series of letters, each followed by a diacritical mark. Listen and write each letter with its diacritical mark.

1. _____   **4.** _____

2. _____   **5.** _____

3. _____   **6.** _____

C. Comment ça s'écrit? Listen to the following names. Spell them and then listen to verify your answers.

➡ *You see and hear:* Sandrine Rosier
You say: S-a-n-d-r-i-n-e R-o-s-i-e-r
You hear: S-a-n-d-r-i-n-e R-o-s-i-e-r

1. Thierry Villain
2. Josée Tourneau
3. Gérard Perdreaux
4. Robert Coufin
5. Karima Wéry
6. Mariama Bâ
7. Jean-François Gruyère

Activités de compréhension

A. Formel? Familier? Listen to the statements and indicate whether they are formal or familiar by circling your choice.

1. formel   familier

2. formel   familier

3. formel   familier

4. formel   familier

5. formel   familier

6. formel   familier

7. formel   familier

8. formel   familier

B. Masculin? Féminin? For each noun that you hear, identify it using the indefinite article **un** or **une**. Then use the appropriate definite article to say that it belongs to Carole. Listen to verify your responses.

➡ *You hear:* craie
You say: C'est une craie. C'est la craie de Carole.
You verify: C'est une craie. C'est la craie de Carole.

C. Quel nombre?   Circle the numbers you hear.

1.   4   14   40

2.   66   16   6

3.   2   12   32

4.   50   15   5

5.   33   3   13

Now listen and write down the numbers.

6. _____

7. _____

8. _____

9. _____

10. _____

Qui êtes-vous?

1

chapitre

À l'écoute: Faisons connaissance

You will hear a short interview with a young woman from Madagascar, a large Francophone island in the Indian Ocean. Do task 1 in **Pensez,** then read task 2 in **Observez et déduisez** before you listen to the interview.

Pensez

1 Look at the map of the Francophone world in your textbook and locate Madagascar. Can you predict the ethnic origins of the people who live there? Check the possibilities that seem likely to you.

Ils sont d'origine...

_____ africaine (Afrique).

_____ asiatique (Asie).

_____ européenne (Europe).

_____ polynésienne (Polynésie).

Observez et déduisez

Attention!   As you listen to the interview, remember that you do not need to understand every word. For each task, focus only on what you are asked to listen for. One step at a time, your ability to understand will increase.

2 Listen to the interview a first time in order to identify the topics covered. Check the categories that are mentioned.

1. _____ name of the interviewer

2. _____ name of the young woman from Madagascar

3. _____ origin of her name

4. _____ origin of the people of Madagascar in general (**les Malgaches**)

5. _____ origin of her family (**la famille**)

6. _____ her profession

7. _____ adjectives that describe **les Malgaches** in general

8. _____ adjectives that describe her personally

3 Play the conversation again, listening for the nationalities mentioned. Were your predictions correct? Circle the ethnic origins that are mentioned, either as adjectives or through the name of the continent or country.

africaine	égyptienne	sénégalaise	arabe
asiatique	chinoise	malaysienne	japonaise
européenne	française	allemande	anglaise
polynésienne	australienne		

4 Listen to the conversation a third time, paying close attention to the young woman's name. Fill in the missing letters (**les lettres**), then answer the two questions.

1. FRANÇOISE R A __ __ __ __ A __ __ __ I V __ __ O

2. What is the probable origin of the prefix Ra- in Françoise's last name?

Ra- est un préfixe d'origine _____.

5 Listen to the conversation a final time in order to identify the adjectives that Françoise uses to describe herself. Complete the list.

complexe, _____, _____

Prononciation

A. Les consonnes finales et la liaison. Review the pronunciation section on final consonants and **liaisons** in the **Première étape** of Chapter 1 in your textbook. Then, in the following sentences, look at the consonants in bold type. Cross out the ones that should be silent, underline the ones that should be pronounced, and indicate the **liaisons** with a link mark (‿).

➡ Françoise n'est pas‿africaine.

1. Ils sont africains.

2. Elles ne sont pas anglaises.

3. Elle est petite, intelligente, amusante; elle est heureuse.

4. Il est petit, intelligent, amusant; il est heureux.

5. C'est un garçon très intéressant; il n'est pas ennuyeux.

6. C'est une fille très intéressante; elle n'est pas ennuyeuse.

Now, listen to the sentences, and repeat each one.

B. Le rythme et l'accentuation. First, review the pronunciation section on rhythm and accentuation in the **Troisième étape** of Chapter 1 in your textbook.

Now, listen to the following sentences a first time and mark them as you listen. Use a slash to indicate the word groups you hear, and underline the accented syllables.

1. Les Malgaches sont d'origine malaysienne, polynésienne, africaine et arabe.

2. Les origines de ma famille, c'est la Malaysie, la Polynésie et la France.

3. Françoise est complexe, sérieuse... et principalement heureuse.

4. Elle est petite et mince, brune et très sympathique.

You will now hear the sentences again. Listen and repeat each one. Make sure you say each syllable evenly except the last syllable of each group, which must be slightly longer and show a change in intonation.

Activités de compréhension

A. Le verbe _être._ First, listen carefully and decide if the sentences you hear refer to one person or to more than one person. Indicate your answers by circling your choices.

1. one person   more than one person

2. one person   more than one person

3. one person   more than one person

4. one person   more than one person

5. one person   more than one person

6. one person   more than one person

7. one person   more than one person

8. one person   more than one person

You will now hear the sentences again. If the sentence refers to one person, change it so that it refers to more than one person and vice versa. Then, listen in order to verify your answers.

➡ *You hear:*   Tu es italien?
   You say: Vous êtes italiens?
   You verify: Vous êtes italiens?

B. Traits de caractère. Listen to Nicolas's questions. Answer each of his questions positively, using a subject pronoun in place of the noun subject.

➡ *You hear:*   Je suis allergique à l'école?
  You write: Oui, <u>*tu es*</u> allergique à l'école.

1. Oui, _____ _____ sympathique.

2. Oui, _____ _____ amusants.

3. Oui, _____ _____ sociables.

4. Oui, _____ _____ typique.

5. Oui, _____ _____ raisonnable.

6. Oui, _____ _____ actifs.

C. Masculin, féminin. Check whether each adjective or noun you hear refers to a man (**homme**) or a woman (**femme**). If you can't tell, check **?**.

➡ *You hear:* grand
  You check: __✓__ homme _____ femme _____ ?

1. _____ homme _____ femme _____ ?

2. _____ homme _____ femme _____ ?

3. _____ homme _____ femme _____ ?

4. _____ homme _____ femme _____ ?

5. _____ homme _____ femme _____ ?

6. _____ homme _____ femme _____ ?

7. _____ homme _____ femme _____ ?

8. _____ homme _____ femme _____ ?

D. Qui est-ce? You will hear the descriptions of five people, four of whom are pictured below. Do not worry if you do not understand every word you hear. Just listen for familiar words, and write the number of the description you hear under its corresponding picture. Can you draw in the picture that is missing?

a. _____

c. _____

b. _____

d. _____

e. _____

E. Les adjectifs démonstratifs. Listen as several people are described. Indicate the form of the demonstrative adjective that you hear in each sentence.

➡ *You hear:*   Cet homme est français.
   You check: _____ ce   ✔ cet   _____ cette   _____ ces

1. _____ ce   _____ cet   _____ cette   _____ ces

2. _____ ce   _____ cet   _____ cette   _____ ces

3. _____ ce   _____ cet   _____ cette   _____ ces

4. _____ ce   _____ cet   _____ cette   _____ ces

5. _____ ce   _____ cet   _____ cette   _____ ces

6. _____ ce   _____ cet   _____ cette   _____ ces

F. C'est? Il est? For each adjective or noun you hear, check the expression you would use if you were saying a complete sentence.

➡ *You hear:*   américaine
   You check: _____ c'est   _____ il est   ✔ elle est

1. _____ c'est   _____ il est   _____ elle est

2. _____ c'est   _____ il est   _____ elle est

3. _____ c'est   _____ il est   _____ elle est

4. _____ c'est   _____ il est   _____ elle est

5. _____ c'est   _____ il est   _____ elle est

6. _____ c'est   _____ il est   _____ elle est

G. Personnages célèbres. You will hear a brief description of four people. Listen carefully and fill in the chart with the required information. Then, complete your chart by writing in the name of a person that fits each description.

	nationalité	profession	trait physique ou de caractère	nom
1.				
2.				
3.				
4.				

H. C'est faux! Disagree with each statement you hear according to the example. Then listen in order to verify your response.

➡ *You hear:*   Nicolas est malade.
   You say: C'est faux. Il n'est pas malade.
   You verify: C'est faux. Il n'est pas malade.

I. Dictée. Listen to the following paragraph as often as necessary to fill in the words that are missing. Then, answer the question that follows.

Je _____ _____ . _____ suis _____

et _____ . Nicolas _____ Alceste _____ mes (*my*)

_____ . Nicolas _____ _____ _____ un

peu fou—et il _____ _____ malade! Alceste _____

_____ mais un peu _____ . Moi, _____

_____ _____ et énergique. _____ _____

nous _____ _____ élèves _____ ?

Et moi, qui suis-je? _____

La famille

À l'écoute: La famille de Françoise

Do you remember Françoise from Madagascar? (See Chapter 1 in your Lab Manual.) You will now hear her speak about her family. Do task 1 in **Pensez,** then read task 2 in **Observez et déduisez** before you listen to the conversation.

Pensez

❭ In describing a family with several children, the following words are likely to be mentioned. Can you infer their meaning? Match them with their equivalent.

1. _____ le/la deuxième   **a.** l'enfant numéro 1

2. _____ le/la troisième   **b.** l'enfant numéro 2

3. _____ le fils/la fille aîné(e)   **c.** l'enfant numéro 3

Observez et déduisez

Attention!   This conversation contains some unfamiliar expressions that you are not expected to understand. For each task, focus only on what you are asked to listen for. One task at a time, your comprehension will increase.

❭ Listen to the conversation a first time in order to identify the type of information it contains. Check all categories that are mentioned, then listen again and put them in the proper sequence.

☑ _____ information about her parents

☐ _____ information about her brothers and/or sisters

☐ _____ information about her grandparents

☐ _____ information about family activities

3 Listen to the conversation again in order to identify how many children there are in Françoise's family, and where she fits in. Circle the correct answers.

1. Nombre de fils   0   1   2   3   4   5

2. Nombre de filles   0   1   2   3   4   5

3. Françoise est   l'aînée   la deuxième   la troisième de sa famille.

4 Now play the conversation as often as necessary in order to complete the following chart. Write X in each box for which the information is either not given or irrelevant.

Nom	Âge	Marié(e)?	Nombre d'enfants	Profession
Françoise		non		
Anne-Marie	35 ans			travaille à Air Madagascar
Chantal			3	
Béatrice		fiancée		infirmière (*nurse*)
Christiane				travaille dans un bureau
Cyril				
Aimée				

5 Listen to the conversation a final time in order to answer the following questions.

1. Qui n'a pas un prénom typiquement français? _____

2. Quel est le nom de jeune fille (*maiden name*) de la mère? Complétez.

R ___ Z ___ ___ ___ ___ ___ O

3. Quelles sont les activités préférées de la famille de Françoise? Cochez les bonnes réponses.

a. _____ manger ensemble (*together*)

b. _____ le cinéma

c. _____ le sport

d. _____ les jeux: le Scrabble, les dominos, etc.

e. _____ voyager

Prononciation

A. Le son [r]. First, review the three keys to pronouncing a French [r] correctly in the **Première étape** of Chapter 2 in your textbook.

Now, listen to the following sentences and repeat each one, paying close attention to the pronunciation of the French **r.**

1. Alors, Françoise n'a pas de frères.
2. Anne-Marie, la sœur aînée, a trente-cinq ans.
3. Elle travaille à Air Madagascar.
4. La sœur qui est architecte est mariée et a trois enfants.
5. Béatrice n'est pas mariée.
6. Christiane travaille dans un bureau.
7. Le père s'appelle Cyril.

B. L'intonation. Review the four basic intonation patterns outlined in the pronunciation section of the **Troisième étape** of Chapter 2 in your textbook.

Now, listen to the following sentences and repeat each one, using proper intonation as indicated.

1. Alors ma sœur aînée s'appelle Anne-Marie, elle a trente-cinq ans, elle est mariée, elle a deux garçons et elle travaille à Air Madagascar.

2. Ma petite sœur est à Madagascar, avec mes parents. Elle a vingt-neuf ans et elle travaille dans un bureau.

3. Comment s'appelle-t-elle? —Christiane.

4. Vos parents aussi ont des noms bien français?

5. Mon père s'appelle Cyril et ma mère s'appelle Aimée.

Activités de compréhension

A. Adjectifs possessifs. Listen to the following nouns, and write the possessive adjectives that correspond to the subject pronouns provided.

➡ *You hear:*   une mère
   You see: je
   You write: <u>ma mère</u>

1. elle _____

2. il _____

3. tu _____

4. tu _____

5. je _____

6. je _____

7. ils _____

8. nous _____

9. vous _____

10. elles _____

B. Les verbes en *-er.* Listen to the following sentences and determine if each one is singular or plural. If it is singular, change the sentence to the plural. If it is plural, change it to the singular. Don't forget to pay particular attention to **liaison.**

➡ *You hear:*   Il écoute la radio.
   You say: Ils écoutent la radio.
   You verify: Ils écoutent la radio.

C. La famille d'Angèle. Angèle is going to describe the likes and dislikes of the members of her family. Listen as many times as necessary to fill in the chart with the information you hear. Pause the audio as needed to write your answers.

la personne	ce qu'on aime	ce qu'on n'aime pas	un adjectif pour le/la décrire
1. la sœur			
2.			
3.			sérieux
4.			

D. Encore des suggestions. Your friends are bored, but you're full of ideas! Suggest to your friends some things to do, using the expressions you hear. Listen to verify your answers.

➡ *You hear:* dîner au restaurant
 You say: Dînons au restaurant!
 You verify: Dînons au restaurant!

E. Comment? Patrick surveyed students in his French class on their likes and dislikes. Listen as he reads the results of his poll. For each of his statements, confirm what you heard by asking a question using **qu'est-ce que** or **qui est-ce que.** Then, listen in order to verify your questions.

➡ *You hear:* Nous aimons les vacances.
 You say: Qu'est-ce que vous aimez?
 You verify: Qu'est-ce que vous aimez?

F. Les nombres. Write down the ages of the people you hear mentioned.

➡ *You hear:* Robert a 13 ans.
 You write: Robert: **13** ans

1. Nicolas: _____ ans   **5.** Mon grand-père: _____ ans

2. Hélène: _____ ans   **6.** Étienne: _____ ans

3. Tante Geneviève: _____ ans   **7.** Anne: _____ ans

4. Oncle Joseph: _____ ans   **8.** Moi: _____ ans

G. Dictée. First, listen as Babette describes her family. Then, listen to her description as many times as necessary in order to complete the paragraph with the missing words. When you finish the paragraph, answer the question about Babette's family that follows.

  J'_____ une _____ une _____ assez _____.

Nous _____ _____ personnes. _____ _____

_____ _____ _____-père, _____

_____, _____ deux _____ et moi. Chez nous,

_____ _____ beaucoup les sorties en _____,

_____ _____, les concerts et _____ _____

aussi. Bientôt _____ _____ fête de _____ ___-

_____ Charles qui _____ _____ ans. Il _____

amusant _____ il _____ beaucoup _____

_____ _____ . _____ _____ Bernard

_____ _____ _____ et il _____

_____ aussi. Tous les deux, _____ _____ les matchs de

_____ et de _____ . Moi, _____ _____ la

_____ : _____ musique _____ et un _____

_____ . J'_____ _____ de disques compacts et de

_____ . J'_____ aussi les _____ _____ _____ .

_____ _____ _____ la _____ classique et

les _____ , _____ _____ la _____ .

Nous _____ _____ _____ _____ à la

maison, mais nous _____ un _____ de _____ . Peut-être

que nous _____ _____ _____ _____

_____ typique!

On the basis of Babette's description, which of the following magazines would you *not* expect to find in the family's home?

_____ *Loisirs et sports*

_____ *Télérama*

_____ *La Revue du cinéma*

_____ *Le Monde de la musique*

_____ *Études littéraires*

La maison et la ville

3
chapitre

À l'écoute: Les maisons à Tahiti

You will hear a short interview with a Tahitian man who is going to talk about houses in French Polynesia. Do task 1 in **Pensez,** then read task 2 in **Observez et déduisez** before you listen to the interview.

Pensez

1 The Tahitian word for house is **fare. Fare tupuna** is the traditional ancestral home. How do you imagine a **fare tupuna?** Check the possibilities that seem likely to you.

l'extérieur

_____ construction en bois (*wood*)

_____ construction en matières végétales: branches d'arbres (*trees*), feuilles (*leaves*), etc.

_____ construction en briques

l'intérieur

_____ une seule (*single*) pièce

_____ une seule maison pour plusieurs familles

_____ plusieurs maisons pour une famille

Observez et déduisez

2 Listen to the interview a first time to identify its organization. Put the following topics in the proper sequence from 1 to 4.

a. _____ description of houses in Papeete, the capital of Tahiti

b. _____ the inside of a **fare tupuna**

c. _____ the outside of a **fare tupuna**

d. _____ family communities

3 Listen to the interview again to find out if the following statements are true or false. Write **V** for **vrai** or **F** for **faux,** and correct any false statements.

1. _____ Les maisons tahitiennes typiques sont construites en matières végétales.

_____

2. _____ On utilise des feuilles de cocotier (*coconut tree*) pour le toit (*roof*).

_____

3. _____ Le **fare tupuna** est une maison avec trois murs.

_____

4. _____ Pour l'intimité (*privacy*) on utilise un système de rideaux.

_____

5. _____ Trente personnes peuvent dormir (*can sleep*) dans la grande pièce.

_____

6. _____ Il y a un coin cuisine dans la grande pièce.

_____

7. _____ Il y a une maison séparée pour dormir, une maison pour se laver (*to wash up*), etc.

_____

8. _____ Plusieurs familles qui sont rattachées au même **tupuna** (*related to the same ancestor*) habitent ensemble.

_____

9. _____ À Papeete, il n'y a pas de maisons polynésiennes traditionnelles.

_____

4 Listen a final time to identify four specific rooms that are mentioned in the conversation.

_____

_____

_____

_____

Prononciation

A. Les voyelles nasales. First, review the pronunciation section on nasal vowels in the **Première étape** of Chapter 3 in your textbook.

Now, listen to the following sentences, underline the nasal vowels you hear, and write the words with nasal sounds in the appropriate column. The first one is done for you.

	[ɑ̃]	[ɔ̃]	[ɛ̃]
1. Monsieur[1], vous êtes tahit<u>ien</u>... Comm<u>ent</u> s<u>on</u>t les mais<u>on</u>s à Tahiti?	comm<u>ent</u>	s<u>on</u>t mais<u>on</u>s	tahit<u>ien</u>
2. Les maisons tahitiennes sont construites en matières locales.			
3. La maison des ancêtres, c'est une grande pièce, comme une énorme chambre pour trente personnes.			
4. Les oncles et les tantes, les cousins et les cousines, les enfants, les parents et les grands-parents habitent ensemble.			
5. En ville, il y a des maisons comme en France avec des pièces séparées à l'intérieur.			

You will now hear the sentences again. Listen and repeat each one.

B. Les sons [u] et [y]. First, review the pronunciation section on [u] and [y] in the **Troisième étape** of Chapter 3 in your textbook. Now, look at the following sentences. Underline the [u] sounds with one line and the [y] sounds with two lines.

1. Pouvez-vous nous parler des maisons à Tahiti?

2. C'est une maison avec ses quatre murs, pour une communauté de plusieurs familles.

3. Il y a une maison pour dormir, une maison pour la cuisine...

4. Et toi, tu connais Tahiti? —Pas du tout!

Now listen to the sentences, and repeat each one.

---

1. *Remember that the* **on** *in* **monsieur** *does not correspond to a nasal sound.*

Activités de comprehénsion

A. Les pièces. You will hear several people describing a room in their house or apartment. Listen and circle the room that is most likely being described.

1. une chambre   une cuisine   un séjour   une salle à manger

2. une chambre   une cuisine   un séjour   une salle à manger

3. une chambre   une cuisine   un séjour   une salle à manger

4. une chambre   une cuisine   un séjour   une salle à manger

5. une chambre   une cuisine   un séjour   une salle à manger

6. une chambre   une cuisine   un séjour   une salle à manger

B. Questions. You will hear several students asking questions. Listen and check the most logical response.

1. ____ Devant le cinéma.   ____ Agréable.   ____ Dakar.

2. ____ Au magasin.   ____ Français.   ____ Amusante.

3. ____ Sympathiques.   ____ Deux.   ____ Américains.

4. ____ Un peu fou.   ____ Maintenant.   ____ Georges.

5. ____ Je déteste les langues.   ____ Je vais aller en France.   ____ J'aime le jazz.

6. ____ Demain.   ____ Au centre-ville.   ____ C'est intéressant.

7. ____ Au restaurant.   ____ Le placard.   ____ Ma radio.

8. ____ Les films.   ____ Maintenant.   ____ Un studio.

9. ____ Je préfère les livres.   ____ J'aime les sports.   ____ Je déteste le rock.

C. Les dépenses. Étienne is trying to keep track of his expenses. Write down the amount he spent this month on each item and how much he has left.

1. Le studio: _____ €

2. Le téléphone: _____ €

3. Le sac à dos: _____ €

4. Des livres: _____ €

5. Pour manger: _____ €

6. Ce qui reste: _____ €

D. Les adjectifs. You will hear a list of adjectives. Listen and determine if each adjective refers to a bedroom or a living room, and circle the correct choice. If it can refer to either a bedroom or a living room, circle **les deux.**

1. une chambre   un salon   les deux

2. une chambre   un salon   les deux

3. une chambre   un salon   les deux

4. une chambre   un salon   les deux

5. une chambre   un salon   les deux

6. une chambre   un salon   les deux

7. une chambre   un salon   les deux

8. une chambre   un salon   les deux

You will now hear the adjectives again. Based on the choices you made in the first part of this activity, write the complete adjective + noun phrase(s).

➡ *You hear:*   petit
You write: *un petit salon*

1. _____

2. _____

3. _____

4. _____

5. _____

6. _____

7. _____

8. _____

E. Le week-end. You will hear a series of questions about weekend plans—yours and those of others you know. Listen and answer affirmatively or negatively.

➡ *You hear:*   Tu vas travailler beaucoup?
You say: Oui, je vais travailler beaucoup.
or: Non, je ne vais pas travailler beaucoup.

F. Où vont-ils? You will hear bits of conversations or a variety of sounds. Listen carefully and write down where you think the people are or where they are going. Use the verbs **être** or **aller** as appropriate.

➡ *You hear:* Une chambre pour deux personnes, s'il vous plaît.
  You write: <u>*Ils sont à l'hôtel.*</u>

1. _____

2. _____

3. _____

4. _____

5. _____

6. _____

7. _____

8. _____

G. Dictée. First, listen as Dominique describes his neighborhood. Then, listen to his description as many times as necessary in order to complete the paragraph with the missing words. When you finish the paragraph, label the houses with the names of the people who live in them to find out which one belongs to Dominique's family.

J(e) _____ un _____ quartier (*neighborhood*) _____.

Mes _____ et mes _____ _____ dans _____

quartier aussi. Cécile _____ un _____ _____ dans un

bâtiment tout _____ _____ _____ poste.

_____ de Salima est _____ _____ _____ ce

studio. Mon copain Alain _____ une _____ maison

_____ _____ _____ chez Salima (*Salima's place*), et

Catherine a un _____ appartement _____ _____

_____ chez Alain. Kofi, le _____ de Salima, habite

_____ _____ d'elle. La _____ de _____

copain Gilles est _____ _____ _____ la

_____ . Enfin, ma _____ Denise habite un _____

immeuble (*apartment building*) _____ la _____ de Gilles.

Où est-ce que j'habite, moi?

L'école

À l'écoute: En première année de fac

You will hear a short interview with a French student from the Paris area. Do task 1 in **Pensez**, then read task 2 in **Observez et déduisez** before you listen to the conversation.

Pensez

1 In an interview with a student who is in her first year at a French university, what topics are likely to come up? Check the ones you would anticipate.

1. _____ des présentations: son nom, d'où elle vient, etc.

2. _____ ce qu'elle fait comme études (sa spécialisation)

3. _____ une description de ses cours

4. _____ ses plans: ce qu'elle veut devenir (*to become*)

5. _____ des commentaires sur ses profs

6. _____ des commentaires sur les examens

7. _____ son emploi du temps

8. _____ ce qu'elle fait après (*after*) les cours

9. _____ ce qu'elle fait pendant l'été (*during the summer*)

10. _____ une comparaison entre le lycée et la fac

Observez et déduisez

2 Listen to the interview a first time in order to verify the topics discussed. Place a second check mark in task 1 next to the topics that arc mentioned.

3 Listen to the conversation again in order to complete the following statements. Check the correct answers.

1. La jeune fille s'appelle Christelle

    a. _____ Guermantes.

    b. _____ Lazéras.

    c. _____ Marne-la-Vallée.

2. Elle vient de

    a. _____ Guermantes.

    b. _____ Lazéras.

    c. _____ Marne-la-Vallée.

3. Elle habite à _____ de Paris.

    a. _____ 2 km

    b. _____ 12 km

    c. _____ 24 km

4. Elle mentionne EuroDisney parce que c'est là

    a. _____ que son père travaille.

    b. _____ qu'elle travaille pendant l'été.

    c. _____ qu'elle veut travailler après ses études.

5. La fac où elle fait ses études est à

    a. _____ Paris.

    b. _____ Marne-la-Vallée.

    c. _____ L.C.E.

6. Elle fait des études

    a. _____ de langue et civilisation étrangères.

    b. _____ de commerce international.

    c. _____ d'informatique.

7. Elle a cours

    a. _____ de 9h à 14 ou 15h.

    b. _____ de 10h à 16 ou 18h.

    c. _____ de 8h à 16h.

8. Après ses cours, elle _____ avec des copains.

    a. _____ fait du sport

    b. _____ fait ses devoirs

    c. _____ va au café

9. Elle a _____ de devoirs par jour.

    a. _____ 2–3 heures

    b. _____ 3–4 heures

    c. _____ 4–5 heures

10. Dans son programme d'études, les professeurs donnent beaucoup

    a. _____ de dissertations (*papers*).

    b. _____ de travail de laboratoire.

    c. _____ d'examens.

4 Listen to the conversation a final time in order to complete the list of her courses. Then answer the question about Christelle's professional plans.

1. Elle a des cours de

    a. _____ britannique

    b. grammaire _____

    c. littérature _____

    d. littérature _____

    e. _____ espagnole

    f. conversation _____

    g. _____ anglaise

    h. _____ britannique

  2. Quelle profession Christelle prépare-t-elle? _____

Prononciation

A. Les sons [e] et [ɛ]. Review the pronunciation section on the sounds [e] and [ɛ] in the **Première étape** of Chapter 4 in your textbook.

Now, listen to the following sentences, paying particular attention to the highlighted sounds. Underline the closed [e] sounds that you hear with one line, and the open [ɛ] sounds with two lines.

1. **Est**-ce que tu peux te pr**é**sent**er**?

2. Je m'app**e**lle Christelle Laz**é**ras.

3. Pendant l'**é**té je travaille à EuroDisn**ey**.

4. Je suis en premi**è**re ann**ée** à la fac d**es** lettres de Marne-la-Vall**ée**; je f**ais**

    d**es é**tudes de langue et civilisation **é**trang**è**res.

5. J'**ai** de la gramm**ai**re angl**ai**se, un cours de litt**é**rature française, de la

    conversation espagnole. Qu'**est**-ce que j'**ai** d'autre?

6. C'**est** un emploi du temps ass**ez** charg**é**.

Now, check the answers in the answer key.

Listen to the sentences again and repeat each one, being careful to distinguish between the closed [e] and the open [ɛ] sounds. Make sure you do not make a diphthong for either sound.

B. Les sons [ø] et [œ]. Review the pronunciation section on the sounds [ø] and [œ] in the **Troisième étape** of Chapter 4 in your textbook.

Now, listen to the following sentences a first time and mark them as you listen. Do the highlighted sounds correspond to a closed [ø] or to an open [œ]? Underline the [ø] sounds that you hear with one line, and the [œ] sounds with two lines.

1. D'ailleurs (*by the way*), elle travaille à EuroDisney.

2. Christelle veut être professeur d'anglais.

3. Elle n'est pas paresseuse; c'est une jeune fille sérieuse.

4. Son cours qui commence à deux heures est quelquefois un peu ennuyeux.

5. Alors elle fait des dessins sur une feuille de son cahier, pour passer le temps...

6. Les étudiants qui veulent être avec leurs copains peuvent aller au café.

Now, check the answers in the answer key.

Listen to the sentences again and repeat each one, showing clearly the difference between the closed [ø] and the open [œ].

Activités de compréhension

A. L'heure. You will hear several statements in which someone mentions the time of an event. Write down each indication of time that you hear.

➡ *You hear:* Le train numéro 300 pour Lyon-Ville part à 22h40
You write: 22h40

1. _____   **4.** _____   **7.** _____

2. _____   **5.** _____   **8.** _____

3. _____   **6.** _____   **9.** _____

B. Réactions. Listen to several statements made by your roommate, then check the *least* appropriate response.

1. ____ Vraiment? ____ Tiens! ____ Formidable! ____ Et alors?

2. ____ J'en ai marre! ____ Quelle chance! ____ C'est vrai? ____ Chouette!

3. ____ Super! ____ C'est pas vrai! ____ Mince! ____ Ah bon?

4. ____ C'est incroyable! ____ Tant pis! ____ Zut alors! ____ Oui?

5. ____ Tu plaisantes! ____ C'est embêtant! ____ Zut alors! ____ Je m'en fiche.

C. Les dates de naissance. You will hear a number of people giving their birth date. Write down the dates you hear.

➡ *You hear:*   Ma date de naissance est le 5 septembre 1947.
   You write: *5/9/47*

1. _____
2. _____
3. _____

4. _____
5. _____
6. _____

7. _____
8. _____
9. _____

D. Les cours. You will hear Suzette talk about her weekly schedule. Listen as often as necessary in order to complete the schedule that follows.

LUNDI	MARDI	MERCREDI	JEUDI	VENDREDI	SAMEDI	DIMANCHE

What do you think she does on Saturday and Sunday? Include several activities in the schedule for those days.

E. Que font-ils? You will hear statements describing the following pictures. Write the number of each statement below the picture to which it corresponds.

a. _____

b. _____

c. _____

d. _____

e. _____

f. _____

g. _____

h. _____

F. Les verbes. Listen to the following sentences and determine if each one is singular or plural. If it is singular, repeat the sentence in the plural and vice versa, paying particular attention to pronunciation. Then listen to verify your answer.

➡ *You hear:*   Il apprend le français.
You say: Ils apprennent le français.
You verify: Ils apprennent le français.

G. La diseuse de bonne aventure (*fortuneteller*). Look into your crystal ball and say whether you think someone is or is not going to do the following things, based on the information you hear. Then listen and see if your answer is the same as that of the fortuneteller.

➡ *You hear:* Elle déteste étudier.
   You see: faire ses devoirs
   You say: Elle ne va pas faire ses devoirs.
   You verify: Elle ne va pas faire ses devoirs.

1. être médecin
2. comprendre les Français
3. comprendre le professeur
4. avoir une bonne note

5. étudier aujourd'hui
6. jouer au golf ce week-end
7. apprendre à jouer au tennis

H. Dictée. First listen as a young person describes himself. Then listen to the description as often as necessary in order to complete the paragraph with the missing words. When you finish the paragraph, answer the question that follows.

Je _____ très _____. _____ _____

_____, et _____ _____ _____ lire.

_____ _____ dans _____ _____

de _____ _____. _____ ce

que papa écrit _____ _____ aussi. Papa _____

_____ et fier de moi, _____ maman dit qu'il

a tort (*he's wrong*). _____ _____ _____. _____

_____ convaincue que _____ cerveau _____ éclater,

_____ _____ dit que _____ _____

_____ _____ _____ _____ avec

papa.

Qui suis-je? _____

À table!

À l'écoute: Les repas au Cameroun

You will hear a short conversation in which a woman from Cameroon talks about meals in her native country. Do task 1 in **Pensez**, then read task 2 in **Observez et déduisez** before you listen to the conversation.

Pensez

1 What kind of food do you think people generally eat in West Africa (**en Afrique de l'Ouest**)? Make a check mark to the *left* of the items you think are plausible.

a. ___ des tomates ___   **i.** ___ du pain et du camembert ___

b. ___ des pâtes ___   **j.** ___ des épinards (*spinach*) ___

c. ___ du riz ___   **k.** ___ des bananes ___

d. ___ du couscous ___   **l.** ___ des mangues (*mangoes*) ___

e. ___ du bœuf ___   **m.** ___ des arachides (*peanuts*) ___

f. ___ du poulet ___   **n.** ___ des soupes ___

g. ___ du poisson ___   **o.** ___ des sauces ___

h. ___ des haricots verts ___   **p.** ___ ? ___

Observez et déduisez

2 Listen to the conversation a first time in order to verify your predictions. Put a second check mark in task 1 to the *right* of the food items that are actually mentioned.

3 Play the conversation again in order to complete the following statements. Check all correct completions; however, do *not* check answers that are *not* mentioned in the conversation.

1. Élise mentionne que chaque (*each*) région du Cameroun a

   a. _____ son mode de vie (*way of life*).

   b. _____ son climat.

   c. _____ ses repas particuliers.

2. Élise vient

   a. _____ de l'ouest du Cameroun.

   b. _____ du sud (*south*) du Cameroun.

   c. _____ de la région de Lolodorf.

3. Le plantain

   a. _____ est une banane.

   b. _____ se prépare (*is prepared*) comme les pommes de terre.

   c. _____ se mange avec la viande.

4. En Afrique de l'Ouest, on fait des sauces avec

   a. _____ des arachides.

   b. _____ des mangues sauvages (*wild*).

   c. _____ des tomates.

5. Les légumes se mangent avec

   a. _____ du beurre.

   b. _____ des arachides.

   c. _____ de la crème de palme.

6. Les haricots verts et les petits pois sont

   a. _____ très communs dans les villages.

   b. _____ considérés comme la nourriture des Blancs.

   c. _____ importés de France.

7. Le couscous se mange avec

   a. _____ les doigts (*fingers*).

   b. _____ une fourchette.

   c. _____ une cuillère.

8. On mange la majorité des plats en Afrique de l'Ouest avec

   a. _____ de la sauce.

   b. _____ une cuillère en bois (*wooden*).

   c. _____ les doigts.

4 Listen to the conversation a final time in order to answer the following questions. Find at least three things to say for each question.

1. Qu'est-ce que c'est que le plantain?

   _____

   _____

   _____

2. Qu'avez-vous appris ici sur les légumes au Cameroun?

   _____

   _____

   _____

3. Qu'avez-vous appris sur les sauces?

   _____

   _____

   _____

Prononciation

A. Le *e* caduc. Review the pronunciation section in the **Première étape** of Chapter 5 in your textbook.

Now, listen to the following sentences a first time, paying close attention to the *e* **caducs** in bold type. As you listen, underline the *e* **caducs** that are pronounced and cross out the ones that are dropped.

1. Nous avons plusieurs sortes d**e** r**e**pas, tout dépend d**e** la région.

2. Le plantain, ça s**e** prépare comme les pommes d**e** terre, et ça s**e** mange

avec la viande, la sauce, tout c**e** qu'on veut.

3. On mange beaucoup d**e** légumes. Les légumes, en Afrique d**e** l'Ouest,

ça s**e** mange avec la crème d**e** palme.

Now, check your answers in the answer key.

Listen to the sentences again and repeat each one, making sure you drop the *e* **caducs** where necessary.

B. Les articles et l'articulation. Review the pronunciation section in the **Troisième étape** of Chapter 5 in your textbook.

Now, listen to the following summary of the conversation about food in Cameroon, and fill in the articles you hear. Cross out the *e* **caducs** that are not pronounced.

_____ gens _____ Cameroun ne mangent pas _____ pommes de terre, mais

_____ plantain est comme _____ pomme de terre. _____ viande se mange donc

avec _____ plantain et _____ sauce. _____ sauces _____ arachides ou _____

mangues sauvages sont très agréables avec _____ poulet. _____ légumes, comme

_____ épinards par exemple, se mangent aussi avec _____ sauce spéciale.

Check your answers in the answer key.

Now, practice saying the preceding paragraph at fluent speed, making sure you drop the *e* **caducs** where necessary and pronounce all other vowels distinctly.

Activités de compréhension

A. Les verbes. Listen as Richard makes statements about his friend Michel and his twin brothers Alain and Alexis. If you can tell who he is referring to in each sentence, check the appropriate column. If you can't tell, check the question mark.

➡ *You hear:*   Ils achètent beaucoup de gâteaux.
   You check: Alain et Alexis

Michel	**Alain et Alexis**	**?**
1. _____	_____	_____
2. _____	_____	_____
3. _____	_____	_____
4. _____	_____	_____
5. _____	_____	_____
6. _____	_____	_____
7. _____	_____	_____
8. _____	_____	_____

B. Au restaurant. You will hear a series of statements about what Laure and her friends are having for lunch. Based on the drawings that follow, indicate whether the statements you hear are probably true or probably false by writing **V** for **vrai** or **F** for **faux.**

 le repas de Laure   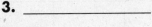 le repas d'Aimée   le repas de Salima

1. _____   **3.** _____   **5.** _____

2. _____   **4.** _____   **6.** _____

C. Ce qu'elles mangent.   Refer once again to the drawing of the meals of Laure and her friends. You will hear a name and a food or drink item. Say whether or not each person is having that item.

➡ *You hear:*   Laure / frites?
   You say: Oui, elle prend des frites.
   You verify: Oui, elle prend des frites.

➡ *You hear:*   Laure / homard?
   You say: Non, elle ne prend pas de homard.
   You verify: Non, elle ne prend pas de homard.

D. La fête.   Lise and Karine are discussing what everyone has brought for a gathering of friends that evening. Listen to their conversation and fill in the chart with the items brought by each person.

Lise	Karine	Gilles	Charles
		1 bouteille d'eau minérale	de la salsita

E. On joue aux cartes.   The Martin children like to play a card game called *Fruits et Légumes,* in which players are awarded points for the various cards they have won. First, listen to their conversation and fill in the first part of the score card—the part that shows how many cards they have of each fruit and vegetable.

	pêches	fraises	framboises	carottes	oignons	tomates	total des points
Anne							
Paul							
Jean							
Lise							

Now stop the audio and figure out how many points each child has. Fill in the total in the right column of the score card. Each fruit and vegetable card is worth a different number of points:

oignons = 1 point   tomates = 3 points   framboises = 5 points
carottes = 2 points   fraises = 4 points   pêches = 6 points

Now answer the following questions, using complete sentences.

1. Qui a plus de carottes qu'Anne?

_____

2. Qui a autant de fraises que Paul?

_____

3. Qui a moins de tomates que Lise?

_____

4. Qui a plus de points qu'Anne?

_____

5. Qui a moins de points que Lise?

_____

6. Qui a gagné (*won*)?

_____

F. Aujourd'hui? Hier? Demain?   Listen as various people make statements about their activities. Decide whether they are referring to the present, the past, or the future. Indicate your choice by circling either **aujourd'hui, hier,** or **demain.**

1. aujourd'hui   hier   demain

2. aujourd'hui   hier   demain

3. aujourd'hui   hier   demain

4. aujourd'hui   hier   demain

5. aujourd'hui   hier   demain

6. aujourd'hui   hier   demain

7. aujourd'hui   hier   demain

8. aujourd'hui   hier   demain

G. L'anniversaire de maman. The whole family contributed to making mom's birthday special. As your grandmother asks about everyone's participation, tell her what everyone did, using the **passé composé** of the verbs indicated.

➡ *You hear:*   Qu'est-ce que Caroline a fait?
  You see: manger beaucoup de gâteau
  You say: Elle a mangé beaucoup de gâteau.
  You verify: Elle a mangé beaucoup de gâteau.

1. faire les courses
2. acheter le gâteau
3. oublier d'acheter le cadeau
4. préparer le dîner
5. beaucoup manger
6. prendre des photos

H. Dictée. You will hear Mme Bouvier talking about the groceries she purchased. Listen to the paragraph as often as necessary to fill in the missing words.

Pour préparer _____ _____, j'_____

_____ beaucoup _____ choses: deux _____

_____ _____ et un kilo de _____ de

_____ . J'_____ _____ aussi des

_____ , _____ _____ , des _____ .

Puis, au _____ j'ai pris _____ _____ ,

_____ _____ , des _____ ,

_____ _____ , _____ _____ vanille

et deux _____ de _____ . Et _____ pas

le _____ . Nous _____ toujours _____

_____ avec le _____ .

Now write down which dish(es) you believe she prepared, based on the items she purchased.

         une pizza?   une quiche?   un gâteau?   un ragoût?

Elle a préparé _____ et _____ .

Le temps et les passe-temps

6 chapitre

À l'écoute: Les loisirs de Christelle

Do you remember Christelle, the French student from the Paris area? (See Chapter 4 in your Lab Manual.) You will now hear her speak about her leisure activities. Do task 1 in **Pensez,** then read task 2 in **Observez et déduisez** before you listen to the conversation.

Pensez

1 How do you react to the following television shows? Check your personal reactions.

	je regarde ou j'enregistre (*record*)	j'éteins la télé	je m'endors (*fall asleep*)	ça m'énerve (ça m'irrite)
le journal télévisé				
un film historique				
un drame psychologique				
une comédie				
un jeu télévisé				
une émission de sport				
un documentaire				
un vieux film tard le soir				

Observez et déduisez

2 Listen to the conversation a first time in order to identify its organization. Put the following topics in the proper sequence, from 1 to 4.

Christelle parle...

a. _____ des livres.

b. _____ de la télé.

c. _____ des activités pour «se changer les idées» (*change of pace*).

d. _____ du sport.

3 Listen to the conversation again in order to complete the following statements. Check *all* correct answers.

1. En période de cours (pendant l'année scolaire), Christelle

    a. _____ regarde souvent la télé.

    b. _____ n'a pas le temps de regarder la télé.

2. Quand il y a une émission très intéressante à la télé, elle s'arrange (*makes arrangements*) pour

    a. _____ la regarder.

    b. _____ l'enregistrer.

3. Les émissions qu'elle considère comme très intéressantes sont

    a. _____ des films ou des documentaires.

    b. _____ des émissions de variétés ou de sport.

4. Pendant les vacances, elle

    a. _____ regarde souvent la télé le soir.

    b. _____ s'endort devant la télé presque (*almost*) tous les soirs.

5. Elle ne regarde pas souvent les jeux

    a. _____ parce qu'elle trouve que c'est bête.

    b. _____ parce que ça énerve sa petite sœur.

6. Elle aime

    a. _____ les films qui font penser (*that make you think*).

    b. _____ les drames.

7. Elle pense que les comédies

    a. _____ ont des répercussions sur sa vie.

    b. _____ on les oublie facilement.

8. Elle aime les livres

    a. _____ qui font penser.

    b. _____ qui ne font pas penser.

9. Elle dit que les étudiants français

    a. _____ jouent souvent au tennis.

    b. _____ n'ont pas le temps de faire beaucoup de sport.

10. Pour se changer les idées, Christelle aime

    a. _____ se balader (faire des promenades) dans Paris.

    b. _____ passer des heures dans les musées.

Prononciation

A. Les sons [o] et [ɔ].   Review the pronunciation section of the **Première étape** of Chapter 6 in your textbook, and note the cases when the closed [o] occurs. All other **o**'s correspond to the open [ɔ]. Now, look at the following sentences. Underline the [o] sounds with one line, and the [ɔ] sounds with two lines.

1. Elle aime les documentaires et les films historiques; elle n'aime pas

beaucoup les comédies.

2. Elle adore lire des romans, des poèmes et des journaux.

3. Quand il fait beau, elle fait du sport.

4. Comme autres loisirs, elle aime faire des promenades dans Paris.

Now, listen to the sentences and repeat each one.

B. Les consonnes s et c.   First, review the pronunciation section of the **Troisième étape** of Chapter 6 in your textbook on the various pronunciations of the letters **s** and **c** in French. Now, imagine that you are strolling through Paris with Christelle and you see the following expressions on signs or other notices. Some are familiar to you, others are not. Would you know how to pronounce them? Above the highlighted letters, write the proper sound: [s], [z], or [k].

1. Poisson frais!

2. Danger! Poison!

3. Traversée du désert du Sahara.

4. Spécialités de desserts-maison!

5. Visitez le site de vos prochaines vacances: Tarascon!

6. Ce coussin (*cushion*) pour votre cousin...

7. Conversion assurée de vos possessions!

Now, listen to the expressions and repeat each one.

Activités de compréhension

A. Le 4 juillet. You will hear a meteorologist giving the day's weather report for several locations. Using the weather map as a guide, write the name of the city or region for each forecast you hear.

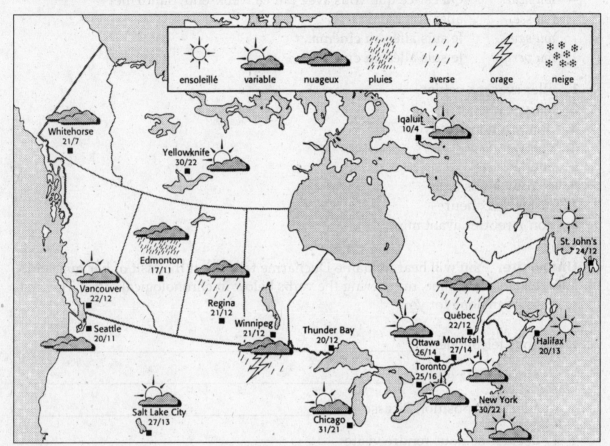

1. _____

2. _____

3. _____

4. _____

5. _____

B. Des questions personnelles. Sandrine's French teacher tends to ask a lot of personal questions every Monday morning to get the students to practice the **passé composé.** Listen as she questions Sandrine about her weekend activities. You play the role of Sandrine, answering the questions based on the written cues— using the **passé composé,** of course. Then listen in order to verify your answers.

➡ *You hear:*   Qu'est-ce que vous avez fait ce week-end, Sandrine?
   You see: aller au cinéma
   You say: Je suis allée au cinéma.
   You verify: Je suis allée au cinéma.

1. aller avec ma copine
2. arriver vers 7h30
3. non / commencer vers 7h45
4. voir *Germinal*
5. aller au café
6. retrouver nos amis
7. rester deux heures
8. non / rentrer avant minuit

C. Une visite. You will hear Madame Ducharme talk about the visit of her husband's aunt. Listen a first time, numbering the verbs below in chronological order. The first one has been done for you.

_____ nous téléphoner _____

_____ rentrer chez elle _____

_____ aller à l'exposition Picasso _____

_____ décider de nous rendre visite _____

__1__ passer une semaine chez nous *l'année dernière* _____

_____ écrire une lettre _____

_____ aller voir un match de foot _____

_____ arriver à la gare _____

_____ rentrer _____

Now listen to the statements again, and write *when* each activity occurred or will occur in the blank beside the corresponding verb.

D. Les verbes.   Listen to the following sentences and determine if each one is singular or plural. If it is singular, repeat the sentence in the plural and vice versa, paying particular attention to pronunciation. Then listen in order to verify your answers.

➡ *You hear:*   Vous dites la vérité.
   You say: Tu dis la vérité.
   You verify: Tu dis la vérité.

E. Moi, je l'ai fait.   Answer each implied question using a direct object pronoun and the verb **lire, dire, écrire,** or **voir.** Don't forget to make agreement with the past participle when necessary. Then listen in order to verify your answer.

➡ *You hear:*   Ce rapport?
   You say: Je l'ai écrit.
   You verify: Je l'ai écrit.

➡ *You hear:*   Ce feuilleton?
   You say: Je l'ai vu.
   You verify: Je l'ai vu.

F. Les verbes comme *choisir*.   Listen to the following sentences and determine if each one is singular or plural. If it is singular, repeat the sentence in the plural and vice versa, paying particular attention to pronunciation. Then listen to verify your answer.

➡ *You hear:*   Je maigris facilement.
   You say: Nous maigrissons facilement.
   You verify: Nous maigrissons facilement.

G. Invitations.   You will hear four conversations in which an invitation is being extended. As you listen to each conversation, fill in the chart with the place, time, and expression used to accept or refuse each invitation.

	Où va-t-on?	À quelle heure?	Expression pour accepter/refuser
1.			
2.			
3.			
4.			

H. Dictée. First listen as Claudine tells her roommate what she and her cousins did last weekend. Then listen to her description as many times as necessary in order to complete the paragraph with the missing words. When you finish the paragraph, complete the statement that follows about what you do to understand French better.

L'_____ _____ j'_____ _____ deux

_____ au Canada où je _____ _____ _____ mes

grands-parents. Nous _____ _____ tous les sites

touristiques—le château, les _____ , le Parlement. J'_____

beaucoup _____ la ville de Québec, et je _____ _____

_____ _____ un seul jour _____ _____

_____ . Je _____ _____ _____ mois de

_____ quand il _____ _____ alors j'_____

_____ beaucoup de _____ avec _____

_____ , et _____ _____ _____ tard.

J'_____ _____ à _____ bonjour au lieu d'_____

_____—c'est la coutume au Québec! Maintenant je _____

mieux le _____ parce que j'_____ _____ le

_____ et j'_____ _____ des _____ à la

_____ tous les jours.

J'_____ _____ beaucoup _____ cartes postales à

_____ _____ aussi—en _____ , _____

_____ . Voilà ce que j'_____ _____ l'été _____ .

Pour mieux comprendre le français, moi, je _____

_____

Voyages et transports

À l'écoute: Un Africain à Paris

Larmé is a twenty-six-year-old student from Chad in Africa. You will hear him talk about his first day in France. Do task 1 in **Pensez,** then read task 2 in **Observez et déduisez** before you listen to the conversation.

Pensez

1 Imagine an African student arriving in France for the first time. What do you think his first impressions were? What might have happened to him? Check the answers you anticipate.

1. À votre avis, quelle est la première chose qui l'a frappé (a fait une grande impression sur lui)?

   a. _____ La ville.

   b. _____ Le climat.

   c. _____ Le comportement (*behavior*) des gens.

2. Où a-t-il passé sa première nuit à Paris?

   a. _____ Dans un centre d'accueil (*welcome*) pour étudiants étrangers.

   b. _____ Dans un hôtel.

   c. _____ Chez un individu qui l'a hébergé et nourri (qui lui a donné une chambre et à manger).

3. Sur quelle sorte de personnes est-il tombé (*did he run across*)?

   a. _____ Des gens sympathiques.

   b. _____ Des gens bizarres.

   c. _____ Des gens indifférents.

Observez et déduisez

2 Listen to the conversation a first time with the questions in task 1 in mind. Were your predictions accurate? Circle the correct answers.

3 Listen again to the conversation in order to answer the following questions. Several answers may be possible. Check *all* correct answers.

1. Quand Larmé est-il arrivé en France?

    a. _____ Il y a un an.

    b. _____ En hiver.

    c. _____ Un dimanche.

2. Qu'est-ce qu'il a pensé du climat? Il faisait (*it was*)...

    a. _____ frais.

    b. _____ un peu froid.

    c. _____ très froid.

3. Qui devait (*was supposed to*) venir le chercher à l'aéroport?

    a. _____ Le service d'accueil des étudiants étrangers.

    b. _____ Personne.

    c. _____ Un chauffeur de taxi.

4. Qu'est-ce que Larmé a fait à l'aéroport?

    a. _____ Il a téléphoné au centre international des étudiants et stagiaires.

    b. _____ Il a attendu plus d'une heure.

    c. _____ Il est tombé sur quelqu'un qui a eu pitié de lui (*felt sorry for him*).

5. Qui était (*was*) le monsieur de la Côte d'Ivoire?

    a. _____ Un employé de l'aéroport.

    b. _____ Un chauffeur de taxi.

    c. _____ Un autre étudiant étranger.

6. Qu'est-ce que ce monsieur a fait?

   a. _____ Il l'a hébergé et nourri chez lui (dans sa maison).

   b. _____ Il l'a conduit (*drove him*) à l'hôtel.

   c. _____ Le lendemain il l'a conduit au centre des étudiants étrangers.

7. Qu'est-ce qui a frappé Larmé quand il a vu Paris pour la première fois?

   a. _____ L'architecture des bâtiments.

   b. _____ Les gens.

   c. _____ Les voitures.

8. Comment sont les Parisiens, selon Larmé?

   a. _____ Assez (*rather*) grands.

   b. _____ Assez petits.

   c. _____ Toujours pressés.

4 Listen a final time to the conversation in order to answer the following questions. Write out your answers.

1. Qu'est-ce qui a été «comme un choc» quand Larmé est sorti de l'aéroport? Qu'est-ce qu'il a fait tout de suite?

_____

_____

2. Qui s'est occupé de (*took care of*) Larmé...

   a. le premier jour? _____

   b. le deuxième jour? _____

3. Résumez les trois différences que Larmé a trouvées entre le Tchad (l'Afrique) et la France.

_____

_____

_____

Prononciation

A. Les semi-voyelles [w] et [ɥ].   Review the pronunciation section on the semi-vowels [w] and [ɥ] in the **Première étape** of Chapter 7 in your textbook.

Now, listen to the following sentences, paying particular attention to the highlighted sounds. Underline with one line the short [u] sounds you hear, like in **oui** [wi] or **soir** [swar]; underline with two lines the short [ɥ] sounds, like in **huit** [ɥit].

1. Je s**ui**s venu en France pour contin**uer** mes études.

2. C'était au **moi**s d'octobre, mais pour **moi,** venant du Tchad, il faisait très fr**oi**d.

3. Je s**ui**s tombé sur un monsieur de la Côte d'Iv**oi**re.

4. Je l**ui** ai expliqué ma sit**ua**tion et il a eu pitié de **moi.**

5. Il m'a hébergé pour la n**ui**t.

You will now hear the sentences again. Listen and repeat each one.

B. La lettre *l*.   Review the pronunciation section on the letter l in the **Troisième étape** of Chapter 7 of your textbook. Now, look at the following postcard that Larmé might have sent to his family after his first week in France. Underline the **-ll-** that are pronounced like a *y*. Check your answers in the answer key, then practice reading the sentences aloud, paying special attention to the l's.

Chers papa, maman et toute la famille,

   La France est belle! J'ai vu beaucoup de vieilles villes et des petits villages tranquilles. J'ai visité le château de Chantilly, qui n'est pas loin de Paris.

   J'habite près de la place de la Bastille. Ma voisine est très gentille; hier, elle m'a donné des gâteaux qui s'appellent des mille-feuilles—c'est une spécialité française. Quel délice!

   À bientôt d'autres nouvelles.

                        Larmé

You will now hear the sentences from the postcard. Listen and repeat each one.

Activités de compréhension

A. À l'hôtel. Listen as different hotel clerks speak with clients. Fill in the type of room requested (**simple, double**), then mark the amenities mentioned in each conversation in the following chart. Put a check mark for those available and an X for those unavailable or not chosen.

CLIENT	CHAMBRE			HÔTEL						
	simple	double	sdb.	🏊	🛗	🐕	R.	🚗	💳	☆
Lagarde			✔							
Michard										
Martin										
Rocher			✗							

Légende des abbréviations

sdb. = salle de bains 　　　 R. = restaurant
🏊 = piscine 　　　 🚗 = garage
🛗 = ascenseur 　　　 💳 = cartes de crédit
🐕 = chiens admis 　　　 ☆ = petit déjeuner

B. La concierge. Madame Bavarde, the concierge of a large apartment building, knows all about the habits of the tenants who live there. Play the role of the concierge as she responds to the questions of her equally curious husband. Use the cues provided. Then listen as Monsieur Bavarde confirms your responses.

➡ *You hear:* 　 (Madame Bavarde) Monsieur Martin sort à 8 heures d'habitude. (Monsieur Bavarde) Et Madame Martin?
　You see: 　 Madame Martin / 8h30
　You say: 　 Madame Martin sort à huit heures et demie.
　You verify: 　 Ah, elle sort à huit heures et demie.

1. Madame Martin / 8h30
2. les Dupont / 8h
3. les enfants / 8h20
4. Madame Thomas / 6h30
5. ses fils / 1h du matin
6. ses fils / 7h30
7. Madame Thomas / 8h
8. Madame Thomas / 9h ce matin
9. Madame Thomas / 4h
10. ses fils / pas encore

C. À Cassis. Today Monsieur Godot took the train from Paris to meet his family at their summer home in Cassis. It is now eight o'clock in the evening, and Monsieur Estragon asks you several questions about Monsieur and Madame Godot's activities during the day. Answer using an appropriate time expression (**il y a, pendant,** or **depuis**) according to the information that follows. Then listen as Monsieur Estragon confirms your answers.

9h:	M. Godot sort de son bureau.
10h:	M. Godot part de Paris.
17h:	Mme Godot sort de la maison.
17h20:	Mme Godot arrive à la gare de Cassis.
17h30:	M. Godot arrive à la gare de Cassis.
18h:	M. et Mme Godot rentrent.
20h:	l'heure actuelle (*current*)

➡ *You hear:* Il y a combien de temps que Monsieur Godot est sorti de son bureau?
You say: Il y a onze heures.
You verify: Ah, bon. Il y a onze heures.

D. Où ça? You will hear several tourists describe places they visited today. As you listen, choose the correct country or city among the choices given for that sentence. Then write in the appropriate preposition for the location you selected.

1. _____ France _____ Chili _____ Australie

2. _____ Toronto _____ Bruxelles _____ Rome

3. _____ Pays-Bas _____ États-Unis _____ Iran

4. _____ Égypte _____ Philippines _____ Espagne

5. _____ Tunisie _____ Colombie _____ Angleterre

6. _____ Algérie _____ Sénégal _____ Portugal

7. _____ Tokyo _____ Moscou _____ Jérusalem

8. _____ Mexique _____ Suisse _____ Japon

E. Quel verbe? You will hear a series of questions containing the **-re** verbs you studied in this chapter. Listen to the questions a first time and circle the verb that you hear in each one. Then listen as the questions are repeated, and write the form of the verb that you hear in the blank at the end of the line.

➡ *You hear:*   Ils attendent le professeur?
      You circle: (attendre)   descendre   entendre   répondre   vendre

➡ *You hear:*   Ils attendent le professeur?
      You write: *attendent*

1. attendre   descendre   entendre   répondre   vendre   _____

2. attendre   descendre   entendre   répondre   vendre   _____

3. attendre   descendre   entendre   répondre   vendre   _____

4. attendre   descendre   entendre   répondre   vendre   _____

5. attendre   descendre   entendre   répondre   vendre   _____

6. attendre   descendre   entendre   répondre   vendre   _____

7. attendre   descendre   entendre   répondre   vendre   _____

8. attendre   descendre   entendre   répondre   vendre   _____

9. attendre   descendre   entendre   répondre   vendre   _____

F. De l'aide? Des renseignements? You will hear several people making requests. As you listen a first time, indicate whether each person is asking for help or information by circling either **aide** or **renseignements**. Then listen as the requests are repeated, and write an appropriate response to either accept or refuse the request, using expressions from the **Stratégies de communication** in Chapter 7.

1. aide / renseignements _____

2. aide / renseignements _____

3. aide / renseignements _____

4. aide / renseignements _____

5. aide / renseignements _____

G. Lui? Leur? You have a very nosy roommate who asks a lot of questions about your personal life. Listen to the questions and respond as politely as possible. Use the pronoun **lui** or **leur** as appropriate in your answer. Finally, listen in order to verify your response.

➡ *You hear:*   Tu vas parler au prof?
    You see: Oui... demain.
    You say: Oui, je vais lui parler demain.
    You verify: Oui, je vais lui parler demain.

➡ *You hear:*   Tu as envoyé une lettre à tes parents?
    You see: Oui... hier.
    You say: Oui, je leur ai envoyé une lettre.
    You verify: Oui, je leur ai envoyé une lettre.

1. Non... demain.   **4.** Oui... hier.

2. Non... demain.   **5.** Oui... hier.

3. Bien sûr...   **6.** Euh...

H. Dictée. First listen as Hélène reads the letter she has written to her parents while on vacation. Then, listen as many times as necessary in order to complete the blanks in the letter. When you finish, decide where she and her husband are vacationing, and check your choice.

Chers Maman et Papa,

    Quelles _____ ! Nous _____ _____ dans

_____ El Mouradi, un _____ de _____ luxe. C'est

merveilleux! _____ _____ tard tous les _____ parce

qu'ici _____ _____ le _____ _____ jusqu'à

_____ . Après, _____ _____ vers midi

_____ aller à la _____ ou _____ _____

mosquées ou _____ marché où _____ _____ des

_____ et des _____ exotiques, _____ poteries et des

_____ . Puis le guide nous _____ chaque

_____ à _____ pour des excursions en 4x4 _____ le

_____ . Cet _____ nous _____ pour Tozeur

et Nefta. Il y a trop à _____ et trop à _____ ! Georges et moi,

_____ _____ samedi _____ . Nous

_____ vers 8h _____ _____ . J'espère que _____

_____ nous _____ à _____ à

_____ .

Grosses bises!

Hélène

Hélène et Georges sont

_____ au Sénégal.

_____ en Égypte.

_____ en Tunisie.

Les relations humaines

8
chapitre

À l'écoute: Les copains

You will hear a short interview with a young Frenchman named Nicolas. Do task 1 in **Pensez**, then read task 2 in **Observez et déduisez** before you listen to the interview.

Pensez

1 Look at the following activities. Which age group do you think they pertain to? Write **e** for **enfant, a** for **adolescent,** or **e/a** for both.

1. _____ jouer au foot

2. _____ jouer à cache-cache (*hide and seek*)

3. _____ faire du vélo

4. _____ jouer au billard

5. _____ jouer au baby-foot (*Foosball*)

6. _____ jouer à des jeux électroniques

7. _____ jouer à des jeux de société comme le Monopoly, Dessiner C'est Gagner (*Pictionary*), Donjons et Dragons, etc.

8. _____ appartenir (*belong*) à des clubs de musique ou autres

Observez et déduisez

2 Listen to the interview a first time in order to identify the type of information it contains. Check the points that are mentioned, then put them in the proper sequence, following the example.

___1___ Nicolas se présente.

_____ Il parle de sa famille.

_____ Il parle de ses amis du lycée.

_____ Il parle de ses copains de l'école primaire.

_____ Il parle de ses copains à l'université.

_____ Il définit le bonheur.

_____ Il mentionne des clubs.

_____ Il mentionne ses activités pendant l'été.

_____ Il compare l'amitié entre filles et entre garçons.

3 Listen to the interview again to see which of the activities listed in task 1 above are mentioned. Underline those activities and confirm whether they pertained to Nicolas as a young child (**e**) or as an adolescent (**a**).

4 Listen to the interview again in order to complete the following statements from the choices given. Several completions may be possible. Check *all* correct answers.

1. Nicolas vient

   a. _____ de Biarritz.

   b. _____ du Pays basque.

   c. _____ du sud-ouest de la France.

2. Quand il était à l'école primaire, ses copains et lui se retrouvaient

   a. _____ après l'école.

   b. _____ le mercredi.

   c. _____ le week-end.

3. Ils aimaient jouer à cache-cache

    a. _____ après l'école.

    b. _____ le mercredi soir.

    c. _____ quand il faisait nuit.

4. Quand il était au lycée, Nicolas avait

    a. _____ plus d'amis.

    b. _____ moins d'amis.

    c. _____ des amis plus proches (*closer*).

5. Après les cours, ils aimaient

    a. _____ aller dans une salle de jeux.

    b. _____ aller au gymnase.

    c. _____ s'installer à une terrasse de café.

6. Le week-end, ils aimaient

    a. _____ aller au cinéma.

    b. _____ regarder des vidéos.

    c. _____ jouer à des jeux de société.

7. L'été, ils passaient beaucoup de temps

    a. _____ dans les salles de jeux.

    b. _____ dans les discothèques.

    c. _____ à la plage.

8. Nicolas appartenait à

    a. _____ un club de jazz.

    b. _____ un club de foot.

    c. _____ un club de théâtre.

9. Pour le premier club qu'il mentionne, il répétait (*practiced*)

    a. _____ presque tous les jours entre midi et 14 heures.

    b. _____ trois fois par semaine de 17 à 19 heures.

    c. _____ dix heures par semaine.

10. Il jouait

   a. _____ de la trompette.

   b. _____ de la batterie (*drums*).

   c. _____ de l'harmonica.

11. Il mentionne qu'il a joué des pièces de

   a. _____ Molière.

   b. _____ Pagnol.

   c. _____ Shakespeare.

12. Il dit que ce qui faisait son bonheur à cette époque, c'était

   a. _____ être avec ses amis.

   b. _____ discuter.

   c. _____ faire de la musique.

Prononciation

A. La lettre *g*. Review the pronunciation section on the letter **g** in the **Première étape** of Chapter 8 in your textbook. Now, look at the following sentences. Which sounds do the highlighted **g**'s correspond to? Above the **g**'s write 1 for [ʒ], 2 for [g], and 3 for [ɲ].

1. La pla**g**e de Biarritz est ma**gn**ifique.

2. Un des copains de Nicolas s'appelait **Gu**illaume; il y avait aussi **G**ontran,

   Gilbert et **G**érard.

3. En **g**énéral, ils man**ge**aient un petit **g**oûter (*afternoon snack*) avant d'aller jouer.

4. Ils i**gn**oraient l'heure quand ils jouaient à cache-cache.

5. Le père de Nicolas était **g**y**n**écologue (un médecin spécialisé).

Now, listen to the sentences and repeat each one.

B. Les consonnes finales. Review the pronunciation section on final consonants in the **Troisième étape** of Chapter 8 in your textbook.

Listen to the following sentences, paying close attention to the final consonants that are highlighted. Cross out the ones that are not pronounced and underline the ones that are pronounced.

1. Nicolas vient du Pays basque, dans le sud-ouest de la France.

2. Le mercredi, les garçons se retrouvaient tous pour jouer au foot.

3. Au lycée, Nicolas était plus seul; en fait, il avait moins de copains mais plus

   d'amis proches.

4. Les jeunes préféraient le billard au tennis.

5. L'été, ils étaient tout le temps à la plage.

6. Tout le monde s'amusait au bord de la mer.

You will now hear the sentences again. Listen and repeat each one. Make sure you release all final consonant sounds clearly and completely.

Activités de compréhension

A. De bons ou de mauvais rapports? Lionel and Céleste fell in love at the same time as Thierry and Caroline. The first couple lived happily ever after, but Thierry and Caroline went their separate ways. As you listen to a series of statements about what the two couples' relationships were like, indicate whether the sentences refer to Lionel and Céleste or to Thierry and Caroline.

➡ *You hear:*   Ils ne s'amusaient plus.
   You check: _____ Lionel et Céleste   ✓ Thierry et Caroline

1. _____ Lionel et Céleste   _____ Thierry et Caroline

2. _____ Lionel et Céleste   _____ Thierry et Caroline

3. _____ Lionel et Céleste   _____ Thierry et Caroline

4. _____ Lionel et Céleste   _____ Thierry et Caroline

5. _____ Lionel et Céleste   _____ Thierry et Caroline

6. _____ Lionel et Céleste   _____ Thierry et Caroline

7. _____ Lionel et Céleste   _____ Thierry et Caroline

8. _____ Lionel et Céleste   _____ Thierry et Caroline

B. Aujourd'hui / autrefois.   You will hear several sentences describing Josée's current activities. The drawings that follow illustrate her childhood activities. Compare each sentence you hear with the related drawing, and make a statement about how things *used to be* for Josée. (Some things *never* change!) Then listen to verify your answers.

➡ *You hear:*   Aujourd'hui Josée va à son bureau le matin.
You see: *the drawing above*
You say: Autrefois elle allait à l'école.
You verify: Autrefois elle allait à l'école.

1.   2.   3.

4.   5.   6.

C. Rapports. You will hear a series of questions about your relationships with other people: **votre copain/copine, votre petit(e) ami(e), vos parents, vos professeurs.** Complete the following answers using the relative pronoun **qui** or **que.**

➡ *You hear:* Qui vous fait rire (*makes you laugh*)?
You write: C'est/~~Ce sont~~ *mon copain qui* me/~~m'~~ *fait* rire.

1. C'est/Ce sont _____ je/j' _____ souvent
le samedi.

2. C'est/Ce sont _____ me/m' _____ de l'argent.

3. C'est/Ce sont _____ je/j' _____ beaucoup.

4. C'est/Ce sont _____ me/m' _____ bien.

5. C'est/Ce sont _____ me/m' _____
beaucoup de questions.

6. C'est/Ce sont _____ je/j' _____ toujours.

7. C'est/Ce sont _____ je/j' _____ tous les jours.

8. C'est/Ce sont _____ me/m' _____ des lettres.

D. Qui l'a dit? You will hear a series of questions and statements. Listen to identify which of the following persons most likely asked the question or made the statement and to whom.

    a. une mère à son enfant
    b. un prof à ses étudiants
    c. un adolescent à ses parents
    d. votre camarade de chambre à vous

Then respond as the person addressed, using the appropriate object pronoun: **me, te, nous,** or **vous.** Finally, listen to verify your answers.

➡ *You hear:* Vous avez des questions à me poser?
You identify: b (un prof à ses étudiants)
You say: Oui, nous avons des questions à vous poser.
You verify: Oui, nous avons des questions à vous poser.

1. _____   **5.** _____

2. _____   **6.** _____

3. _____   **7.** _____

4. _____

E. Conseils. You will hear four people mention a problem they are having. Respond to each one, choosing the most logical response of those suggested. Then listen to verify your answer.

1. _____ Il faut lui parler.

_____ Tu dois acheter un nouveau livre.

_____ Tu as besoin de dormir.

_____

2. _____ Il faut travailler.

_____ Si tu allais au cinéma avec moi?

_____ Tu dois étudier plus souvent.

_____

3. _____ Il faut parler au professeur.

_____ Tu dois en demander à tes copains.

_____ Tu devrais trouver un job.

_____

4. _____ Si tu faisais une promenade?

_____ Il faut savoir écouter.

_____ Tu as besoin de ranger ta chambre.

_____

You will now hear the cues repeated. Listen and write a suggestion of your own in the blank provided.

F. Dictée. After reading an article on love and marriage in the twenty-first century, Madame Rigolo expresses concern about her granddaughter's relationship with her fiancé. Then she and her husband compare that relationship with their own as they reminisce about the early days of their courtship. Listen to their conversation as often as necessary to complete the blanks, then answer the question that follows.

—Tu _____ _____ cet article au sujet de _____

et du _____ ? C'est _____ . La _____

des _____ comme Christophe et Simone est _____

_____ _____ .

—_____ _____ . Quand _____ _____

_____ , _____ choses _____ bien

_____ . Tu _____ _____ ?

—_____ sûr. Par exemple, Christophe _____ tous les jours

_____ Simone, et toi, _____ ne _____

_____ _____ .

—_____ _____ _____ de

_____ ! Je _____ des _____ —des

_____ !

—Et _____ ne _____ _____ jamais

_____ des _____ _____ _____ .

—_____ boîtes de nuit?! Je _____ _____

toujours chez toi—avec toute _____ _____ ... ta

_____ , ton _____ , _____ _____ !

—Mais _____ _____ ensemble et _____

_____ de tout.

—Eh oui, _____ _____ nos _____ , et toi, tu

_____ _____ toujours des _____ . Je ne

_____ jamais avec toi.

—C'est _____ qu'on _____ bien.

—On _____ _____ _____ .

—Comme tout le monde. Mais _____ _____ sans

_____ .

—On _____ _____ , _____ _____

toujours.

—Mais nous _____ _____ bien ensemble.

—_____ ?! Nous _____ _____

toujours ensemble, _____ _____ ?

—Pas _____ !

D'après vous, quel âge ont Monsieur et Madame Rigolo? _____

Les souvenirs

9
chapitre

À l'écoute: Un séjour chez les Amérindiens

You will hear a short interview with a young man from Quebec. Do task 1 in **Pensez**, then read task 2 in **Observez et déduisez** before you listen to the conversation.

Pensez

Michel Dubois, a native of the city of Quebec, had a chance to spend some time on an Indian reservation (**une réserve**) near Sept-Îles, on the northernmost banks of the Saint Lawrence River. The following words will be mentioned in the interview:

> un chantier (un lieu de travail de construction)
> des arbres (*trees*); le bois (*wood*)
> pêcher; chasser
> un site de camping

From these words, what can you speculate about Michel's reason for going **chez les Amérindiens?** Check the reason that seems most likely to you.

> Michel est allé dans une réserve
>
> _____ pour y passer ses vacances.
>
> _____ pour y travailler.
>
> _____ pour étudier l'effet des pluies acides sur les arbres.

Observez et déduisez

2 Listen to the conversation a first time in order to verify your prediction. Underline, in task 1, Michel's actual reason for going **chez les Amérindiens.**

3 Listen to the conversation again to find out if the following statements are true or false. Write **V** for **vrai** or **F** for **faux,** and correct false statements.

1. _____ Michel appelle les Amérindiens «les autochtones».

   _____

2. _____ La réserve où il est allé était pour la tribu des Montagnais.

   _____

3. _____ La réserve était à 500 km de la ville de Québec.

   _____

4. _____ Il y est allé avec un programme d'échanges pour jeunes travailleurs.

   _____

5. _____ La communauté où il est allé n'avait pas l'habitude (*wasn't accustomed*) de vivre avec des étrangers.

   _____

   _____

6. _____ Michel est allé seulement une fois dans cette réserve.

   _____

7. _____ Il y est resté pendant trois semaines en tout (*in all*).

   _____

8. _____ Les Amérindiens de cette réserve ne reçoivent pas d'aide sociale du gouvernement canadien.

   _____

   _____

9. _____ L'industrie principale de la région est l'industrie du bois.

   _____

10. _____ Michel a travaillé à l'aménagement (la construction) des routes.

    _____

11. _____ Le projet était financé par Hydro-Québec.

    _____

12. _____ Pour ce projet, il était nécessaire de couper (*cut down*) des arbres.

    _____

4 Listen again to the end of the interview in order to answer the following questions.

1. «Sans le savoir, ils détruisaient (causaient la destruction de) leur propre (*own*) territoire.»

   a. De qui Michel parle-t-il? _____

   b. Que faisaient-ils comme destruction? _____

   _____

   c. Pour quelle raison? _____

2. Qu'est-ce que Michel a appris pendant son séjour chez les Amérindiens? Nommez cinq choses.

   Il a appris à _____

   _____

Prononciation

A. **[e] ou [ɛ]?** Review the pronunciation section on the sounds [e] and [ɛ] in the **Première étape** of Chapter 9 in your textbook. Now look at the following sentences, paying particular attention to the highlighted sounds. Underline the closed [e] sounds with one line, and the open [ɛ] sounds with two lines.

1. Michel, **est**-ce que vous av**ez** une exp**é**rience m**é**morable à nous racont**er**?

2. J'**ai** v**é**cu ch**ez les** Montagn**ais** pendant qu**el**que temps l'**été** dern**ier**.

3. La communaut**é** où j'**étais** av**ait** l'habitude de voir d**es** gens de l'**ext**érieur.

4. Le chanti**er** que j'**ai fait était** financ**é** par une soci**été** qu**é**b**é**coise.

5. J'**ai** appris à conn**aître et** à r**es**pect**er les** Am**é**rindiens.

6. Pendant qu'on coup**ait** d**es** arbres, on chant**ait**, on ri**ait**—on partage**ait** notre humanit**é**.

Now listen to the sentences and repeat each one.

B. C'est pur, c'est français! Review the pronunciation section in the **Troisième étape** of Chapter 9 in your textbook.

The best way to practice pronouncing pure, equally stressed vowel sounds is in a longer text, where performance must be sustained. Your task here is to listen to and repeat, one sentence at a time, an old Abenakis legend from the northern part of Quebec. Make sure you observe the same intonation patterns and avoid diphthongs.

UNE LÉGENDE AMÉRINDIENNE: L'ORIGINE DU MAÏS

Il était une fois, chez le peuple abénakis, une terrible famine qui faisait mourir les hommes, les femmes et les enfants. Il fallait absolument trouver une solution pour sauver le peuple. Un jour, un homme a eu une vision où le Créateur lui a expliqué que lui seul pouvait sauver son peuple, au prix d'un grand sacrifice. Ce sacrifice était la vie de sa femme en échange de la survie de son peuple. L'homme était partagé entre le désespoir le plus total et la confiance qu'il avait en son Créateur. Finalement, le choix difficile a été fait. Comme le Créateur le lui avait spécifié, quand il a enterré* sa femme, il a laissé sortir de terre ses beaux cheveux. La saison suivante, la terre a offert aux Abénakis du maïs en abondance. Le peuple était sauvé! C'est pour cette raison que l'on retrouve sur le maïs quelques cheveux blonds, pour nous rappeler le sacrifice de la vie d'une femme pour la survie de son peuple.

Adapté de «Mythes et légendes amérindiennes», www.autochtones.com/fr/culture/index.html.

Now try reading the whole text aloud, without interruptions!

Activités de compréhension

A. Événements? Circonstances? You will hear Claudine talking about how she spent her last weekend. Listen to each statement and indicate if she is talking about events (and using the **passé composé**) or circumstances (and using the imperfect). Circle your choice.

➡ *You hear:* Mes copains m'ont téléphoné de bonne heure.
You circle: (événement)/circonstance

1. événement / circonstance
2. événement / circonstance
3. événement / circonstance
4. événement / circonstance
5. événement / circonstance

6. événement / circonstance
7. événement / circonstance
8. événement / circonstance
9. événement / circonstance

---
*buried

B. Bonne mémoire?   You will hear Georges Cardin describing a crime committed when he was a child. However, some of the details have faded from his memory over the years. First listen and decide if each statement you hear is true or false based on the pictures that follow, and circle **vrai** or **faux**.

1. vrai / faux _____

2. vrai / faux _____

3. vrai / faux _____

4. vrai / faux _____

5. vrai / faux _____

6. vrai / faux _____

7. vrai / faux _____

8. vrai / faux _____

9. vrai / faux _____

10. vrai / faux _____

Now you will hear the statements again. Listen and correct any false information in the blanks provided.

C. Stratégie. You will hear a series of statements expressing thanks or wishing someone well. Write the number of the statement in the blank beside the context in which you would most likely make that statement. The first one has been done for you.

_____ Your roommate received an A on an exam.

_____ Your roommate offers to pay for your dinner.

_____ Your roommate is about to take an important exam.

___1___ Your roommate is leaving for Hawaii.

_____ It's your roommate's birthday.

_____ Your friend thanks you for helping him with his homework.

_____ Your roommate has too much to do and not enough time.

D. Les verbes *connaître* et *savoir*. You will hear a series of sentences containing the verbs **connaître** and **savoir**. If the sentence refers to one person, change it so that it refers to more than one person, and vice versa. Then listen in order to verify your answers.

➡ *You hear:* Tu connais Paul?
You say: Vous connaissez Paul?
You verify: Vous connaissez Paul?

E. Connaître? Savoir? You want to find out what your classmate knows and doesn't know. For each item you hear, ask if your classmate knows that person or thing, using the verb **connaître** or **savoir**. Then listen to verify your question.

➡ *You hear:* Québec
You say: Tu connais Québec?
You verify: Tu connais Québec?

F. Personne? Rien? You will hear David's French teacher ask him a series of questions about his weekend. He's feeling very uncooperative, so he responds negatively to every question. Listen to the questions, then give David's answers using **personne** or **rien**. Then listen to verify your answer.

➡ *You hear:*   Qu'est-ce que vous avez fait?
   You say: Je n'ai rien fait.
   You verify: Je n'ai rien fait.

G. Dictée. First listen as Caroline describes how her family celebrated Bastille Day. Then, listen to her description as many times as necessary in order to complete the paragraph with the missing words. When you finish the paragraph, answer the question that follows about how you celebrated your national holiday.

C' _*était*_ le _*quatorze*_ juillet et nous _*voulions*_

célébrer la _*fête*_ en famille. Mais que faire? _*Mais personne*_

*n'était* d'accord sur les activités. Moi, je _*voulais*_ faire un

*pique-nique* à la _*plage*_ , mais les autres _*ont*_

*dit* «non» parce qu' _*il*_ _*y*_ _*a*_

toujours la foule (*crowd*) le quatorze juillet. Papa _*a*_

*dit* qu'il _*devait*_ _*travailler*_ à la

maison le _*matin*_ . Puis Éric _*a*_ _*préféré*_

regarder le _*défilé*_ à la _*télévision*_ . Maman

ça _____ ; elle _____ _____ _____ à

nos _____ . Mais _____ _____

_____ _____ à _____ chez eux pour les petits,

_____ on _____ _____ de ne pas _____

_____ . Enfin, nous _____ _____ à la _____ ,

et nous _____ _____ fait. Quelle _____

_____ !

Qu'est-ce que vous avez fait l'année dernière pour célébrer la fête nationale?

_____

La vie de tous es jours

10
chapitre

À l'écoute: Les jeunes et la mode

Do you remember Nicolas from Biarritz? (See Chapter 8 in your Lab Manual.) You will now hear him speak about clothes and fashion. Do task 1 in **Pensez**, then read task 2 in **Observez et déduisez** before you listen to the conversation.

Pensez

❱ Think about the "typical" high school students you know. How do they dress? List some typical clothes and shoes, with their brand names (**la marque**) if appropriate, and indicate **F** for **filles**, **G** for **garçons**, or **F/G** for both.

vêtements	F, G ou F/G	marque	chaussures	F, G ou F/G	marque

Observez et déduisez

2 Listen to the conversation a first time in order to identify its main ideas. Check the topics that are mentioned.

1. _____ l'importance de la mode dans les universités françaises

2. _____ description de la manière dont s'habillent les vedettes (les stars du cinéma et de la chanson)

3. _____ la mode pour les jeunes bourgeois

4. _____ la mode pour les jeunes «hard rock»

5. _____ la mode pour les jeunes d'origine étrangère (les immigrés)

6. _____ la mode pour les jeunes qui ne veulent pas s'identifier à un groupe social particulier

7. _____ les chaussures que les jeunes Français portent pour faire du sport

8. _____ les chaussures que les jeunes Français portent pour aller à l'école

9. _____ les marques préférées de Nicolas

3 Listen to the conversation again to see if Nicolas mentions some of the clothes, shoes, and brand names you listed in task 1. Put a check mark by the ones that are mentioned.

4 Listen again in order to complete the following statements. Several answers may be possible. Check *all* correct answers.

1. En ce qui concerne la mode, les jeunes Français sont influencés par

   a. _____ la télé.

   b. _____ les grands couturiers comme Dior et Yves Saint-Laurent.

   c. _____ le top 50 (les vedettes de la chanson).

2. Nicolas dit que Biarritz est une ville

   a. _____ très diverse du point de vue social et économique.

   b. _____ assez bourgeoise.

   c. _____ assez hippie.

3. Les jeunes de familles riches portent

   a. _____ un style décontracté (*relaxed*) mais classique.

   b. _____ des marques bien précises.

   c. _____ le Lévis 501.

4. Les marques «bourgeoises» que Nicolas mentionne incluent

   a. _____ Chevignon.

   b. _____ Lacoste.

   c. _____ Naf Naf.

5. Les filles portent généralement

    a. _____ des jupes.

    b. _____ des marques différentes.

    c. _____ la même chose que les garçons.

6. Pour le style «hard rock», Nicolas mentionne

    a. _____ les T-shirts noirs.

    b. _____ les blousons noirs.

    c. _____ les cheveux longs.

7. Les jeunes qui ne veulent pas «se montrer» portent généralement

    a. _____ un jean et polo.

    b. _____ un jean et un T-shirt.

    c. _____ des vêtements plus habillés.

8. Comme chaussures, pour aller à l'école les jeunes Français portent

    a. _____ des tennis.

    b. _____ des baskets.

    c. _____ des mocassins.

9. Les _____ ne sont plus à la mode.

    a. _____ Converse

    b. _____ Doc Martens

    c. _____ Nike

10. En conclusion, Nicolas dit que la mode

    a. _____ est plus importante pour les filles que pour les garçons.

    b. _____ n'est plus très importante pour lui.

    c. _____ est moins importante qu'avant dans la société française.

Prononciation

A. Le *e* caduc: comment l'identifier.   Review the pronunciation section in the **Première étape** of Chapter 10 in your textbook. Now, in the following sentences, identify and underline all the *e* caducs.

1. Je dirais que la mode, c'est très important pour la plupart des jeunes, mais ce n'est pas la même mode pour tout le monde.

2. Les jeunes de familles riches ont une façon de s'habiller, les jeunes qui aiment la musique hard rock ont une autre façon de s'habiller, et il y a donc plusieurs catégories de jeunes avec plusieurs styles de vêtements.

3. Quand on ne veut pas se montrer ou s'identifier avec un groupe particulier, «l'uniforme» classique, c'est le jean et le T-shirt.

4. Maintenant que je ne suis plus au lycée, je m'en fiche* de la mode.

Now check the answers in the answer key.

Listen to the sentences as they are read quite slowly, with each *e* **caduc** pronounced.

B. Le *e* caduc: prononcé ou pas?   Review the pronunciation section in the **Troisième étape** of Chapter 10 in your textbook.

Looking at the sentences in exercise A, where you have already underlined all the *e* **caducs,** determine which ones would be dropped in fluent speech and cross them out. Then check your answers in the answer key.

Listen to the sentences at fluent speed. Repeat each one, dropping the *e* **caducs** as needed, just as French people do!

For additional practice, look at the following dialogue. Underline all the *e* **caducs** and cross out the ones that would be dropped in fluent speech. Check your answers in the answer key.

Repeat the dialogue, dropping the *e* **caducs** as needed. Remember that **je** is often pronounced **ch** when the **e** is dropped.

—Je te le dis, je n'ai rien à me mettre!

—Et le pantalon que ta mère t'a acheté samedi?

—Je ne l'aime pas.

---

*(familier) *I don't care about*

—Et la robe noire que tu portais l'autre jour? Le noir te va très bien.

—Une robe, c'est trop habillé pour aller à un match de basket. Tout le monde va se moquer de moi.

—Ben alors, je sais pas, moi!

Activités de compréhension

A. Pas exactement. You will hear a series of statements about Djamila's activities yesterday, but none of the statements is exactly accurate. Listen to the statements as you look at the corresponding pictures, and correct the statements using a pronominal verb in your response. Then listen to verify your answer.

➡ *You hear:*   Djamila s'est levée de bonne heure.
  You see: *the picture to the right*
  You say: Mais non, elle s'est levée tard.
  You verify: Mais non, elle s'est levée tard.

1.

2.

3.

4.

5.

6.

B. Les vêtements. You will hear some background sounds and sometimes some people speaking. Listen carefully and decide what the people in these situations are probably wearing. Check *all* the choices you think are likely.

1. ___ un short ___ un maillot de bain ___ un costume ___ des sandales

2. ___ une veste ___ un T-shirt ___ une robe ___ une cravate

3. ___ des baskets ___ des gants ___ un short ___ une jupe

4. ___ un jean ___ des tennis ___ un pyjama ___ un pull

5. ___ un polo ___ un manteau ___ des gants ___ des bottes

6. ___ un T-shirt ___ un pantalon ___ une chemise ___ un pyjama
de nuit

C. Le verbe *mettre*. You will hear a series of questions about what various people are putting on today. Answer using the pictures as cues, then listen to verify your answer.

➡ *You hear:* Qu'est-ce que le prof met aujourd'hui?
You see: *the picture to the right*
You say: Il met une chemise en coton uni.
You verify: Il met une chemise en coton uni.

1.

2.

3.

4.

5.

6.

D. L'impératif. You will hear Pascal mention several items of clothing. If he mentions men's or unisex clothing, tell him to put it on. If he mentions women's clothing, tell him not to put it on. Listen as the items are repeated and verify your answers.

➡ *You hear:*   Des chaussures habillées?
You say: Mets-les!
You verify: Des chaussures habillées? Mets-les!

E. Des compliments. You will hear a series of mini-conversations in which one person pays a compliment and another person responds. Listen to the conversations, and decide whether the responses are appropriate or not in French, and circle **approprié** or **pas approprié.** Then write a better response for each one that you marked as inappropriate.

1. approprié   pas approprié   _____

2. approprié   pas approprié   _____

3. approprié   pas approprié   _____

4. approprié   pas approprié   _____

5. approprié   pas approprié   _____

F. Projets. You will hear Nicolas ask his roommate Robert several questions about his plans and activities. Assume the role of Robert, answering that you completed the activity yesterday or will do it tomorrow. Use the pronoun **y** or **lui** as appropriate. Then listen in order to verify your responses.

➡ *You hear:*   Tu vas parler à l'entraîneur?
You say: Oui, je vais lui parler demain.
You verify: Oui, je vais lui parler demain.

➡ *You hear:*   Tu es allé au gymnase?
You say: Oui, j'y suis allé hier.
You verify: Oui, j'y suis allé hier.

G. Dictée. First listen as Françoise describes a problem she wrestles with each spring: how to get into last year's bathing suit. Then, listen to her explanation as many times as necessary to complete the paragraph with the missing words. When you finish the paragraph, answer the question that follows about *your* habits.

Plus _____ _____ ! Dès aujourd'hui, je _____

des _____ _____ . Je _____ _____

_____ —je _____ ! Pourquoi? Parce qu'il faut _____

à _____ le _____ _____ _____ à

fleurs que j'ai acheté l'année dernière. Maintenant, il _____

_____ _____ _____ _____ du tout parce

que je _____ _____ _____ _____

_____ _____ . Mais, dans trois mois... vous _____

_____ ! En fait, j'ai _____ commencé mon _____ .

Ce matin, je _____ _____ _____ de bonne

heure, et je _____ _____ _____ tout de suite.

J'_____ _____ un _____ , un _____ et des

_____ et j'_____ _____ une demi-heure devant la

télé à _____ de l'_____ avec ce bel _____

musclé à la chaîne 2! «_____ ! _____ ! _____ vos

pieds!» Ouf! Après j'_____ _____ mon petit déjeuner—du

_____ grillé sans _____ , du café _____ , une

orange. Tout ça avant de _____ pour aller au travail.

À midi, j'_____ _____ une _____ —que je suis

_____ ! L'après-midi je _____ _____

_____ avec ma copine. Et maintenant, le soir? Eh oui, j'ai

_____ partout—aux _____ , au _____ , aux

_____ . Mais dans trois mois... vous allez voir. Je _____

_____ _____ ce _____ de _____ !

What steps have you ever taken to get in shape? Check all that apply.

_____ faire de l'aérobic

_____ faire de la musculation

_____ faire du cardiotraining

_____ choisir des légumes, des fruits

_____ ne pas manger de dessert

_____ ne pas manger du tout

Plans et projets

11
chapitre

À l'écoute: La femme en Afrique

In this short conversation, Larmé, the young man from Chad, will answer a few questions about women in Africa. Do task 1 in **Pensez**, then read task 2 in **Observez et déduisez** before you listen to the conversation.

Pensez

1 In a conversation about women in Africa, what topics are likely to come up? Check to the *left* the ones you would anticipate.

1. ____ discussion du rôle traditionnel de l'homme et de la femme en Afrique ____

2. ____ influences de l'Occident sur la société africaine ____

3. ____ question de la polygamie versus la monogamie ____

4. ____ commentaires sur l'éducation des femmes ____

5. ____ exemples de professions occupées par des femmes ____

6. ____ réformes proposées par le gouvernement ____

7. ____ prédictions sur l'avenir de la femme en Afrique ____

8. ____ anecdote(s) personnelle(s) ____

Observez et déduisez

2 Listen to the conversation a first time in order to verify its topics. Put a second check mark in task 1 to the *right* by the topics that are actually mentioned.

3 Listen to the conversation again in order to match the nouns on the left with the adjectives that Larmé uses to qualify them. Note that in the list on the right there are two extra adjectives that do not apply.

1. _____ la civilisation
2. _____ les influences extérieures
3. _____ les co-épouses
4. _____ la société africaine

a. de plus en plus forte(s) (*increasingly strong*)
b. dominée(s) par la religion
c. dominée(s) par l'homme
d. universelle(s)
e. moins traditionnelle(s)
f. beaucoup plus jeune(s)

4 Listen again in order to complete the following summary of the conversation. Fill in the blanks.

Les (1) _____ comme la radio et (2) _____ sont

la raison pour laquelle, selon Larmé, (3) _____ tend (*tends*)

à être (4) _____ . Larmé pense que la société africaine évolue

vers (5) _____ , à cause de l'influence

de (6) _____ mais aussi pour des raisons

(7) _____ . Larmé lui-même vient d'une famille

(8) _____ avec (9) _____ femmes et

(10) _____ enfants. Sa mère, qui est (11) _____

femme, a aidé son père à (12) _____ les (13) _____ .

C'est une famille où (14) _____ (15) _____

très bien, mais Larmé, comme beaucoup de jeunes de sa génération, ne veut pas

pratiquer (16) _____ .

Il y a déjà beaucoup de femmes qui (17) _____ dans

l'administration, dans (18) _____ et ailleurs (*elsewhere*), mais

l'indépendance ne sera pas (19) _____ pour la femme africaine;

ça va être une lutte (*struggle*) beaucoup (20) _____ qu'en

(21) _____ .

5 If you had a chance to talk to Larmé, what questions would you like to ask him about **l'avenir de la femme — et de l'homme — en Afrique?** Jot down three or four questions in French.

1. _____

2. _____

3. _____

4. _____

Prononciation

A. Le *s* français: [s] ou [z]? Review the pronunciation section in the **Première étape** of Chapter 11 in your textbook. Now imagine you are having the following conversation with Larmé about something he mentioned in **À l'écoute.** First, look at each **s** in the conversation — is it going to be pronounced [s] or [z]? Underline the [s] sounds with one line and the [z] sounds with two lines, then check your answers in the answer key.

Repeat the conversation one sentence at a time. Try dropping the *e* **caducs,** too!

—Larmé, vous dites que la civilisation tend à être universelle?

—Oui, à cause des médias, surtout la télévision. On observe ce qui se passe dans

le reste du monde, ça éveille la curiosité et ça devient une sorte d'immersion

dans une culture universelle.

—C'est une bonne chose?

—Je ne suis pas philosophe, mais je pense qu'il y a du bon et du mauvais.

Si l'Afrique essaie de ressembler à l'Europe ou à l'Amérique sur le plan

professionnel, par exemple, je pense que c'est une bonne chose. Mais si

l'Afrique en oublie ses traditions, c'est désastreux.

Now read the whole conversation aloud with proper fluency and intonation.

B. Les nombres. Review the pronunciation section in the **Troisième étape** of Chapter 11 in your textbook.

In the following numbers, focus on the final consonants in boldface. Underline the consonants that must be pronounced, and cross out the ones that are silent. Then check your answers in the answer key.

Repeat the following numbers, paying particular attention to the final consonants.

1. cinq cent vingt-cinq (525)
2. huit mille sept cent quatre-vingt-six (8 786)
3. vingt-six hommes et vingt-huit femmes
4. soixante mille neuf cent quatre-vingt-dix euros
5. deux cent vingt-cinq mille huit cents hommes

With the numbers given in digits, now comes the real test of your mastery! Read the following numbers aloud.

1. 5 525
2. 8 828
3. 56 626
4. 70 590
5. 681 et 829 ne font pas 1 500
6. 746 étudiants et 98 professeurs

Now listen to the numbers and repeat each one two or three times as needed, until you can say it fluently.

Activités de compréhension

A. Professions. You will hear a series of people talking at work. Listen to what they say, and check the speaker's profession.

1. ____ ouvrière   ____ infirmière   ____ comptable
2. ____ fonctionnaire   ____ cuisinier   ____ enseignant
3. ____ journaliste   ____ vendeuse   ____ chef d'entreprise
4. ____ banquier   ____ infirmier   ____ cuisinier
5. ____ ouvrière   ____ vendeuse   ____ enseignante
6. ____ banquier   ____ comptable   ____ cuisinier

B. Présent? Passé? Futur? You will hear a series of statements about a job search. Indicate whether the sentences you hear are referring to the present, the past, or the future.

➡ *You hear:* Elles ont cherché un travail d'été.
You check: _____ présent ✓ passé composé _____ futur

1. _____ présent _____ passé composé _____ futur

2. _____ présent _____ passé composé _____ futur

3. _____ présent _____ passé composé _____ futur

4. _____ présent _____ passé composé _____ futur

5. _____ présent _____ passé composé _____ futur

6. _____ présent _____ passé composé _____ futur

7. _____ présent _____ passé composé _____ futur

8. _____ présent _____ passé composé _____ futur

C. Quel verbe? You will hear Élise bemoaning her impending birthday and Françoise telling her that life doesn't end at thirty! Listen to each statement a first time, and circle the infinitive of the verb you hear. Then listen as the sentences are repeated, and write down the form of the verb that you hear.

➡ *You hear:* Demain j'aurai trente ans.
You circle: faire (avoir) savoir aller pouvoir
You hear: Demain j'aurai trente ans.
You write: *aurai*

1. falloir devoir être vouloir venir _____

2. falloir devoir être vouloir venir _____

3. falloir devoir être vouloir venir _____

4. falloir devoir être voir venir _____

5. falloir devoir être voir venir _____

6. falloir devoir être voir venir _____

7. faire avoir savoir aller pouvoir _____

8. faire avoir savoir aller pouvoir _____

9. faire avoir savoir aller pouvoir _____

10. faire avoir savoir aller pouvoir _____

11. faire avoir savoir aller pouvoir _____

D. L'avenir. You will hear Alexis and his sister discussing his prospects for the future. They will speculate about numerous possible events and their outcomes. Listen as many times as necessary in order to answer the questions that follow.

1. Qu'est-ce qu'Alexis compte faire dès qu'il aura son diplôme?

_____

_____

2. Qu'est-ce qu'il fera, selon sa sœur?

_____

_____

3. Dans quelles circonstances est-ce qu'Alexis continuera ses études?

_____

_____

4. De quoi est-il sûr?

_____

_____

5. Qu'est-ce qu'il fera dès qu'il aura un poste de débutant?

_____

_____

6. Sa sœur est-elle sceptique (*skeptical*)? Comment le savez-vous?

_____

_____

E. Que veulent-ils? You will hear Jacques asking Françoise about what various family members want in the future. Play the role of Françoise and respond to the questions you hear, using a stress pronoun and the cues in the following list. Then listen to verify your answers.

➡ *You hear:*   Que veut-il, ton frère?
   You see: être riche
   You say: Lui, il veut être riche.
   You verify: Lui, il veut être riche.

1. être acteur
2. avoir un poste important
3. faire le tour du monde
4. devenir riches
5. être performants
6. avoir du temps libre
7. terminer nos études!
8. être heureuse

F. Si je réussis ma vie... You will hear several people saying what they will do if they become successful. Listen to each statement, and repeat the statement, adding the adverb formed from the adjective in the following list. Then listen to verify your answer.

➡ *You hear:*   J'achèterai une voiture de luxe!
   You see: sûr
   You say: J'achèterai sûrement une voiture de luxe!
   You verify: J'achèterai sûrement une voiture de luxe!

1. vrai   5. vrai
2. constant   6. fréquent
3. certain   7. rare
4. probable   8. absolu

G. Dictée. Monsieur Rosier asked his class to imagine how the world of work will be different in twenty years and how society will change. First listen as he reads some of their predictions. Then, listen as many times as necessary in order to complete the statements with the missing words. When you finish, answer the question that follows.

Le monde du travail

_____ _____ moins, mais on _____

_____ d'_____ . _____ la vie

_____ plus _____ .

Nous _____ _____ _____ de

_____ . Nous _____ _____ _____

_____ au bureau. Nous _____ _____ par

_____ ou par courrier électronique (*email*).

_____ _____ _____ plus d'_____ entre

les _____ et les _____ dans le _____

_____ . Les _____ _____ plus

_____ aux _____ de _____ .

La société

La société _____ _____ . On _____

voyager dans l'espace, sur les _____ planètes.

_____ _____ guérir (*cure*) le sida (*AIDS*) et le cancer, mais

_____ _____ _____ plus de famine, et il

_____ toujours _____ les _____ .

Le _____ sera plus _____ . Les gens _____

_____ dans d'autres pays, et _____ _____

_____ _____ la même langue.

With which of the predictions do you agree? If you do not agree with a prediction, change it so that you do, and write it below.

_____

_____

Soucis et rêves

À l'écoute: La journée parfaite

You will hear three short interviews with people you already know: Larmé, from Chad (see Chapters 7 and 11 in the Lab Manual); Christelle, from the Paris area (see Chapters 4 and 6); and Michel, from Quebec (see Chapter 9). Each one will be asked the same question: **Si vous pouviez vivre la journée parfaite, comment serait cette journée?** Do task 1 in **Pensez**, then read task 2 in **Observez et déduisez** before you listen to the interviews.

Pensez

1 **Si vous pouviez vivre la journée parfaite, comment serait cette journée?** If you were asked that question, what would you say? List two or three possibilities for each category below.

1. Où seriez-vous?

_____

_____

2. Que feriez-vous?

_____

_____

3. Y aurait-il d'autres personnes dans cette journée parfaite? Qui?

_____

_____

Observez et déduisez

2 Listen to the interviews as many times as needed in order to identify who mentions what. Check the appropriate person.

	Larmé	Christelle	Michel
1. lire	___	___	___
2. rire	___	___	___
3. se lever tard	___	___	___
4. faire ce qu'on a programmé	___	___	___
5. aller à la pêche	___	___	___
6. se promener	___	___	___
7. faire du canotage (*canoeing*)	___	___	___
8. le spontané	___	___	___
9. des chansons	___	___	___
10. le beau temps	___	___	___
11. la tendresse	___	___	___
12. deux pays possibles	___	___	___

3 Listen to the interviews again in order to infer the meaning of the words in the left-hand column. (The initial next to each word indicates in which interview it occurs—L for Larmé, C for Christelle, M for Michel.) Match the words with the correct synonyms from the list on the right.

1. mettre à exécution (L)

2. se réaliser (L)

3. s'installer (C)

4. groover, énergiser (M)

a. arriver, devenir réel
b. tuer (*to kill*)
c. se mettre
d. donner du plaisir
e. changer
f. faire

4 Listen to the conversation again in order to answer the following questions.

1. Comment serait la journée parfaite de Larmé? Qu'est-ce qu'il mettrait à

exécution? Qu'est-ce qui se réaliserait? _____

_____

2. Qu'est-ce qui «ajoute de l'intérêt» à une journée parfaite, selon Larmé?

_____

3. Où serait cette journée parfaite pour Larmé, et pourquoi?

a. Contexte familial: _____

_____

b. Contexte général: _____

_____

4. Quand est-ce que Christelle se lèverait pour sa journée parfaite? Que ferait-
elle après?

_____

_____

5. Avec qui Christelle passerait-elle cette journée? Pourquoi?

_____

_____

6. Qu'est-ce qui «groove» Michel? _____

_____

7. Où serait la journée parfaite de Michel? Avec qui? Qu'est-ce qu'ils feraient?

_____

_____

8. Complétez la définition que Michel donne de la journée parfaite. C'est une

journée pleine de _____, une journée _____, dans

_____, avec _____ qu'on _____.

5 Would your perfect day be more like Larmé's, like Christelle's, or like Michel's? Compare and explain (in French).

_____

_____

_____

_____

Prononciation

A. Liaisons obligatoires et liaisons défendues. Review the pronunciation section in the **Première étape** of Chapter 12 in your textbook. Now look at the following possibilities for **«une journée parfaite».** Indicate **les liaisons obligatoires** (‿) and **les liaisons défendues** (↓), then verify your answers in the answer key.

1. L'endroit idéal pour ma journée parfaite serait dans un pays exotique, au bord de la mer.

2. Pour moi, l'endroit idéal serait chez moi, avec ma famille et mes amis—mes meilleurs amis.

3. Il ferait beau et on aurait le temps de manger et de parler sans avoir à se dépêcher.

4. La saison idéale, pour moi, c'est le printemps—les arbres sont en fleurs, les oiseaux chantent, tout est vert... C'est très agréable.

5. Quand as-tu déjà passé une journée «parfaite»? Comment as-tu passé cette journée?

Now listen to the sentences and repeat each one, paying particular attention to the liaisons.

B. Rythme et intonation. Review the pronunciation section in the **Troisième étape** of Chapter 12 in your textbook. The best way to practice rhythm and intonation is in a longer text, where performance must be sustained. The literary reading in Chapter 12 is perfect for this. As you prepare to read aloud this excerpt from *Les Choses*, by Georges Perec, indicate the word groups with slashes and the intonation with arrows. Then check your answers in the answer key.

La vie, là, serait facile, serait simple. Toutes les obligations, tous les problèmes qu'implique la vie matérielle trouveraient une solution naturelle. Une femme de ménage serait là chaque matin. Il y aurait une cuisine vaste et claire, avec des carreaux bleus, [...] des placards partout, une belle table de bois blanc au centre, des tabourets, des bancs. Il serait agréable de venir s'y asseoir, chaque matin, après une douche, à peine habillé. Il y aurait sur la table des pots de marmelade, du beurre, des toasts, des pamplemousses coupés en deux.

Leur travail ne les retiendrait que quelques heures, le matin. Ils se retrouveraient pour déjeuner; ils prendraient un café à une terrasse, puis rentreraient chez eux, à pied, lentement.

Leur appartement serait rarement en ordre mais son désordre même serait son plus grand charme. Leur attention serait ailleurs: dans le livre qu'ils ouvriraient, dans le texte qu'ils écriraient, dans leur dialogue.

Il leur semblerait parfois qu'une vie entière pourrait harmonieusement s'écouler entre ces murs couverts de livres, entre ces choses belles et simples, douces, lumineuses. Ils savaient ce qu'ils voulaient; ils avaient des idées claires. Ils savaient ce que seraient leur bonheur, leur liberté. Il leur arrivait d'avoir peur. Mais le plus souvent, ils étaient seulement impatients. [...] Ils attendaient de vivre, ils attendaient l'argent. Ils aimaient la richesse avant d'aimer la vie.

Now repeat each sentence of the text with proper rhythm and intonation.

Now repeat the text one paragraph at a time, paying particular attention to rhythm and intonation.

Activités de compréhension

A. Logique? Pas logique? You will hear several people mention an illness or a physical problem from which they are suffering. Look at the corresponding written statements, and decide if they are logical or not in light of what you hear. Circle **logique** or **pas logique,** and "correct" the comments that are not logical.

➡ *You hear:*   J'ai mal à la tête.
  You see: Je prends un antibiotique.
  You circle: logique ⟮pas logique⟯
  You write: *Je ne prends pas d'antibiotique.* or: *Je prends de l'aspirine.*

1. Je tousse, et j'ai de la fièvre.   logique   pas logique

_____

2. L'infirmière me fait un vaccin.   logique   pas logique

_____

3. J'ai le nez qui coule.　　　　　　　　　　logique　　　pas logique

_____

4. J'ai sûrement la grippe.　　　　　　　　　logique　　　pas logique

_____

5. Je prends du sirop.　　　　　　　　　　　logique　　　pas logique

_____

6. Je suis en bonne forme.　　　　　　　　　logique　　　pas logique

_____

B. Fantasmes.　You will hear a series of people saying what they would do if they had more time or more money. Match each statement you hear to the corresponding picture, and write the number of the statement under it. The first one has been done for you.

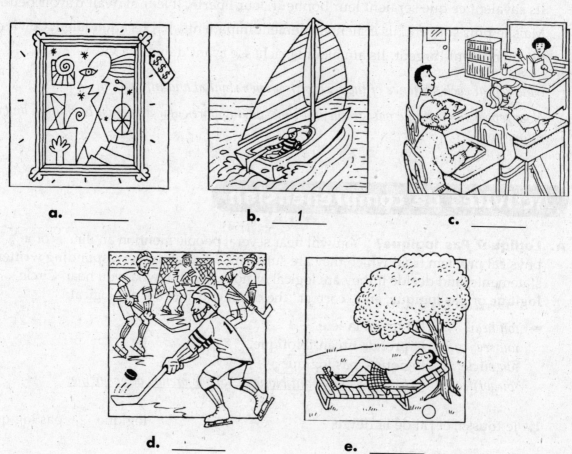

a. _____　　　　　b. _1_　　　　　c. _____

d. _____　　　　　　　e. _____

f. _____   g. _____

C. Conditions → conséquences. You will hear a series of "conditions." For each condition, circle the appropriate consequence.

➡ *You hear:*   Si j'ai le temps ce soir...
You circle: **ⓐ** j'irai au cinéma.   **b.** j'irais au cinéma.

1. **a.** elle sera actrice de cinéma.   **b.** elle serait actrice de cinéma.

2. **a.** nous irons sûrement au Louvre.   **b.** nous irions sûrement au Louvre.

3. **a.** elle se trouvera en haut d'une montagne.   **b.** elle se trouverait en haut d'une montagne.

4. **a.** je visiterai des pays francophones, bien sûr.   **b.** je visiterais des pays francophones, bien sûr.

5. **a.** je parlerai bien le français.   **b.** je parlerais bien le français.

6. **a.** j'irai au Québec.   **b.** j'irais au Québec.

7. **a.** nous sortirons avec nos copains.   **b.** nous sortirions avec nos copains.

8. **a.** j'aurai une bonne note.   **b.** j'aurais une bonne note.

D. De mauvaise humeur! Georgette failed her geography test, and her friend Nicolas is trying to cheer her up. She, however, will not be coaxed out of her bad mood. Play the role of Georgette and answer Nicolas's questions using the pronoun **en.** Then listen to verify your responses.

➡ *You hear:*   Tu as des soucis?
You see: oui
You say: Oui, j'en ai.
You verify: Oui, j'en ai.

1. oui   4. non
2. non   5. non
3. oui   6. non

E. Dictée.   Listen as Lionel tries to help Laure decide on a future profession. Then, listen again as many times as necessary in order to complete the dialogue with the missing words. When you finish the dialogue, answer the question that follows.

—_____ _____ tu _____ , Laure, si tu

_____ la _____ de tes _____ ?

—Aucune idée! J'_____ les maths, les _____...

—Et tu _____ la biologie, _____ _____ ? Tu

_____ être _____ , peut-être «médecin sans

frontières». Tu _____ dans des pays _____ on a très peu

d'hôpitaux et de médecins. Comme ça, tu _____

_____ les pauvres.

—Tu es fou, toi. _____ j'_____ un médecin sans frontières, je

_____ _____ mon temps avec des gens _____ :

des gens qui _____ , qui _____ , qui _____

la _____ ! Moi, j'_____ _____ d'attraper une

_____ _____ ! Et en plus, je _____

_____ beaucoup d'argent.

—Si tu _____ chirurgienne (*surgeon*)?

—Ah non. Je _____ éviter le sang (*blood*)!

Can you suggest a profession for Laure? Complete the following sentence.

Moi, si j'étais Laure _____

Des questions d'actualité

À l'écoute: Multiculturalisme et racisme

Michel, the young man from Quebec you have already met (see Chapters 9 and 12 in the Lab Manual), will answer a few questions about multiculturalism and racism. Do task 1 in **Pensez,** then read task 2 in **Observez et déduisez** before you listen to the conversation.

Pensez

◗ In a conversation about intercultural relations in Quebec, what topics are likely to come up? Check the ones you would anticipate and add other possibilities as you see fit.

1. _____ un résumé historique de la colonisation du Québec

2. _____ le bilinguisme

3. _____ le rapport majoritaire-minoritaire entre les Anglais (les anglophones) et les Français (les francophones)

4. _____ la possibilité d'un Québec souverain (indépendant)

5. _____ exemple(s) de racisme au Québec

6. _____ suggestions pour surmonter (*overcome*) le racisme

7. _____ ?

Observez et déduisez

2 Listen to the conversation a first time in order to verify its topics. Put a second check mark in task 1 next to the topics that are actually mentioned.

3 Listen to the conversation again in order to complete the following statements. Several answers may be possible. Check *all* correct answers.

1. Selon Michel, le Québec est

   a. _____ partagé (divisé) entre deux langues.

   b. _____ la seule partie vraiment bilingue du Canada.

2. L'Ontario et le Nouveau-Brunswick

   a. _____ sont un peu bilingues.

   b. _____ font beaucoup d'efforts pour préserver les deux langues.

3. Le bilinguisme cause des problèmes racistes parce que beaucoup de gens

   a. _____ s'arrêtent à l'identification linguistique.

   b. _____ voient la langue comme un mur.

4. Le français peut devenir minoritaire quand

   a. _____ la population francophone fait l'effort d'apprendre l'anglais.

   b. _____ les nouveaux immigrés apprennent seulement l'anglais.

5. Les chansons qu'on entend à la radio au Québec montrent

   a. _____ la pluralité—et l'égalité—des cultures.

   b. _____ le monopole anglais.

6. Les Français qui ont grandi au Québec ont l'habitude d'appeler les Anglais

   a. _____ des «blocks».

   b. _____ des «têtes carrées» (*square*).

7. Quand il était petit, Michel

   a. _____ allait dans une école primaire anglaise.

   b. _____ se battait tout le temps avec les enfants de l'école anglaise.

8. Michel pense que

   a. _____ le multilinguisme est plus difficile que le multiculturalisme.

   b. _____ le multiculturalisme pose plus de problèmes que le multilinguisme.

9. Selon Michel, le racisme vient

   a. _____ d'un manque (*lack*) de respect.

   b. _____ des rapports majoritaires-minoritaires.

10. Michel pense qu'il faut

    a. _____ éliminer les quatre races traditionnelles.

    b. _____ former une cinquième race.

11. On devient capable de «fusionner» (faire fusion, s'unir) si

    a. _____ on communique.

    b. _____ on a un bagage culturel multiple.

12. «S'enrichir auprès des autres cultures», c'est

    a. _____ apprendre la langue et la culture des autres.

    b. _____ profiter (*take advantage*) de leurs ressources économiques.

4 Listen to the conversation a final time to answer the following questions about (a) the conversation you just heard and (b) your own experience and opinions.

  1. **a.** Quand est-ce que Michel se sent minoritaire, par exemple?

        _____

    b. Est-ce qu'il vous arrive de vous sentir minoritaire? Dans quelles circonstances?

        _____

        _____

  2. **a.** De quoi Michel parle-t-il quand il dit que «c'est difficile d'en sortir»?

        _____

    b. Y a-t-il d'autres circonstances ou habitudes dont il est «difficile de sortir»? Donnez un exemple, personnel ou autre.

        _____

        _____

  3. **a.** Quelle est cette cinquième race dont Michel parle?

        _____

    b. Pensez-vous que ce soit possible d'avoir une race comme cela? Pourquoi/pourquoi pas?

        _____

        _____

Activités de compréhension

A. Qui l'a dit? You'll hear several statements that could be attributed to the people in the pictures that follow. Match each statement with the person most likely to have said it by writing the number of the statement under the appropriate picture. The first one has been done for you.

a. _____

b. _____

c. __1__

d. _____

B. Fait? Opinion?   Listen to the following statements of opinion and decide if the opinion is expressed using the subjunctive or using an infinitive. Circle your answer.

➡ *You hear:*   Le gouvernement doit arrêter la pollution.
You circle: subjunctive   (infinitive)

1. subjunctive   infinitive

2. subjunctive   infinitive

3. subjunctive   infinitive

4. subjunctive   infinitive

5. subjunctive   infinitive

6. subjunctive   infinitive

7. subjunctive   infinitive

8. subjunctive   infinitive

C. Quel verbe?   You will hear a series of statements introduced by certain expressions you may not have studied in this chapter. Some of them are followed by the subjunctive and others are not. Listen carefully to the sentences and write the form of the given verb that you hear.

➡ *You hear:*   Je ne suis pas sûr que nous puissions sauver la forêt.
You see: pouvoir
You write: puissions

1. pouvoir _____

2. vouloir _____

3. comprendre _____

4. devoir _____

5. être _____

6. faire _____

7. finir _____

8. être _____

D. Il faut/Il ne faut pas. You will hear a series of factual statements. Repeat the sentence using the subjunctive mood and the expression indicated. Then listen to verify your answers.

➡ *You hear:* On reconnaît les problèmes écologiques.
   You see: il faut
   You say: Il faut qu'on reconnaisse les problèmes écologiques.
   You verify: Il faut qu'on reconnaisse les problèmes écologiques.

1. il faut
2. il faut
3. il faut
4. il faut
5. il ne faut pas
6. il ne faut pas
7. il ne faut pas
8. il ne faut pas

E. Que faire? Monique has an opinion on every topic and a solution for every problem. You will hear a series of questions her friends have asked her. First listen to the questions, and then answer for Monique using the cues given. Listen to verify her responses.

➡ *You hear:* Que penses-tu des problèmes des sans-abri?
   You see: il faut / tout le monde / avoir un logement
   You say: Il faut que tout le monde ait un logement.
   You verify: Il faut que tout le monde ait un logement.

1. il est temps / le gouvernement / bâtir de nouveaux logements
2. il faut / on / se mobiliser
3. je voudrais / tout le monde / s'intéresser à leur situation
4. j'aimerais / on / être plus tolérant des différences
5. il est nécessaire / tout le monde / avoir le droit à la différence
6. il ne faut pas / nous / fermer les frontières

F. Dictée. Michel is worried about his friend, Richard, a student activist who engages in numerous demonstrations and protest marches. First listen as Michel expresses his concern to Richard. Then, listen as many times as necessary in order to complete the paragraph with the missing words. When you finish the paragraph, answer the question that follows.

Tu _____ tout ton temps à _____ pour ou contre une cause ou une autre. Maintenant il _____ _____ tu _____ le temps de _____ un peu. Tes amis regrettent beaucoup _____ tu _____ si occupé par toutes ces _____ . Oui, _____ _____ qu'il y _____ de la pollution. Je suis d'accord, c'est _____ que tant de gens _____ dans la _____ . Et je suis _____ que la _____ _____ . Mais, tu ne _____ _____ , tu ne _____ plus! J'_____ _____ _____ que tu _____ malade. Il est _____ que tu _____ à te reposer. Il _____ t'intéresser à d'autres choses aussi. Il y a autre chose que des _____ dans le monde. Il y a des _____ , des _____ , de l' _____ ! Il _____ que tu _____ une _____ personnelle, quoi!

Quel est le problème de Richard? Quelle solution est-ce que Michel propose?

_____

_____

Credits

Credits